16·C·U·E·N·T·O·S
LATINOAMERICANOS

■ Julio Cortázar ■ Gabriel García Márquez ■
Murilo Rubião ■ René del Risco ■ Sergio Ramírez
Óscar Cerruto ■ Francisco Massiani ■ Iván Egüez
■ Augusto Monterroso ■ Antonio Skármeta ■
Mario Benedetti ■ Rodrigo Soto ■ Magali García
José Emilio Pacheco ■ Senel Paz ■ Alfredo Bryce

16·C·U·E·N·T·O·S
LATINOAMERICANOS

ANTOLOGÍA PARA JÓVENES

C O E D I C I O N

LATINOAMERICANA

16 CUENTOS LATINOAMERICANOS

Antología para jóvenes promovida y auspiciada por CERLAC/UNESCO
Edición coordinada por Promoción Editorial Inca S.A. - PEISA

Dirección y edición: Martha Muñoz de Coronado
Asesoría: Luis Fernando Vidal
Diseño de carátula y diagramación: Carlos A. González R.
Fotografía de carátula: Daniel Giannoni.
Traducción del cuento El Bloqueo: Hilda S. de Codina.

Impreso por: Quebecor World Bogotá S.A.
Impreso en Colombia - Printed in Colombia
Marzo 2002

Colaboraron en el presente volumen:
Centro Pedagógico y Cultural de Portales, **Bolivia;** Editorial Gente Nueva, **Cuba;**
Subsecretaría de Cultura, **Ecuador;** Credisol Publicaciones, **Uruguay.**

CONTENIDO

*A*l compás de nuevos e incitantes estímulos sociales, en los años sesenta la literatura latinoamericana, con la nueva narrativa, la poesía conversacional y el teatro de creación colectiva, para mencionar sólo los casos de mayor relieve, inició un periodo de renovación constante e incisiva que todavía, treinta años después, no acaba. Y no acaba, para referirme ahora solamente al mal llamado boom de la narrativa de esta parte del continente, porque lo que se generó entonces no fue ni una escuela ni un movimiento literarios, sino una actitud frente a la institución literaria y a sus lenguajes hasta ese momento prestigiosos; una actitud disidente, contestataria, cuyo norte común resultaba tan vago como atractivo: en el fondo, para decirlo en grueso, que cada quien escriba como quiera y lo que quiera, sin cartabones ni cuadrículas, para ver si al fin la intimidad de "nuestra América" encontraba no una sino muchas voces que pudieran decirla con su única autenticidad posible: la de su infinita variedad.

De hecho, vistos a cierta distancia, ni Cortázar, ni García Márquez, ni Fuentes, ni Vargas Llosa tienen mucho en común, y eso que con sus obras se forjó la imagen central y más fuerte de la "nueva narrativa hispanoamericana", excepto —como acabo de decirlo— el irrestricto ejercicio de su libertad creadora. Esa fue su lección, como lo fue bastante antes, la lección de nuestros

9

mejores poetas vanguardistas: desde Vallejo hasta Neruda. Creo, entonces, que la concepción de esta antología del cuento hispanoamericano tiene un primer acierto sustancial: fijar los sesenta como la fecha inicial para, desde allí, recopilar los textos que el lector tiene entre manos. Aunque en algunos casos los autores seleccionados tenían en los sesenta un largo oficio literario, me parece que ninguno de ellos dejó de sentir el impacto de esa eclosión libérrima que cruzó de parte a parte la literatura de entonces. En todos, hasta en los de mayor edad, los nuevos aires y su irrespetuosa manera de tratar a la tradición consagrada, causaron efectos más o menos profundos.

Ciertamente, al margen de la edad cronológica, esa con la que siempre mienten los calendarios, la narrativa de los sesenta y la posterior (a la que algunos críticos prefieren denominar como postboom) fue y sigue siendo una narrativa joven: desprejuiciada, algo o mucho anárquica, incapaz de ocultar sus pulsiones más íntimas, a veces inclusive desgarbada como suelen ser los adolescentes despreocupados, pero —o al mismo tiempo— fanáticamente fiel a lo que de verdad sucede en el mundo, dispuesta a no dejarse engañar (aunque a veces, inevitablemente, caiga en una u otra trampa) y capaz de examinar con la implacable mirada de la ficción los más diversos estratos de la realidad. En este sentido, no puede ocultarse el segundo acierto de la antología: cuentos desde los sesenta con asuntos que de una u otra manera aluden a la adolescencia y a la juventud. Es casi una tautología: la juventud (sin cronologías) hablando de la juventud (con cronologías). Llama la atención, de inmediato, la enorme variedad de perspectivas, estilos y temáticas de los textos escogidos, sin embargo, también es visible un cierto tono más o menos común, que a veces corresponde a la voz del narrador, a veces a la de sus personajes y a veces al significado que brota de todo el cuento, un tono común que está dado por un extendido sentimiento de insatisfacción, descontento o frustración frente a la realidad en la que viven los jóvenes, pero que viene casi siempre asociado a una muy firme determinación de encontrar formas de plenitud y perfección existenciales y sociales.

Lo anterior sería casi un lugar común si no se le contextualiza algo más concretamente. Y tal vez desde esta perspectiva no deba pasar desapercibido que son cuentos de jóvenes en un mundo también joven. Es decir: a la par que aquellos personajes se van haciendo, a veces con tropiezos que podrían parecer insalvables, todo lo que los rodea también está, en más de un sentido, en plena formación. Es como si nada fuera todavía suficientemente sólido y estable y como si —por eso mismo— el joven tuviera que integrar su propia formación a la formación de su mundo. Y en ese punto puede dar lecciones decisivas, inclusive a los mayores; después de todo, si carece de experiencia en muchos campos, las tiene todas en el de la formación: es su propio ámbito cotidiano.

Por supuesto, las propuestas para formar una nueva realidad no son las mismas en todos los casos, pero en todos hay como un terror —que es muy juvenil— a la ingenuidad. Aunque en distintos planos en cada texto, es muy perceptible que en casi todos ellos existe la intención de liquidar el estereotipo del joven cándido, simple, inocente. Se trata más bien de un personaje (que a veces es también el narrador) enormemente complejo, sutil y hasta sofisticado. Es probable que esta densidad del significado de los cuentos tenga relación directa con el hecho, antes mencionado, de que se trata de jóvenes viviendo en un mundo que se está haciendo al compás de esa misma juventud. Cambiar y cambiarlo, modelarse y modelarlo, con los recursos espléndidos de la imaginación, el desinterés y la precoz sabiduría de quienes apenas están debutando en la vida puede ser —entre otras muchas— una buena perspectiva de lectura para estos textos

Al menos, es la que pide una literatura que no teme enfrentarse a los problemas, individuales o sociales, y que invita al lector a participar en la aventura de ir descubriendo el sentido de la existencia. Que le pide ser tan joven como ella.

Antonio Cornejo Polar

12

*E*sta antología tiene en la década de los sesenta la fecha más remota de primera publicación de los cuentos seleccionados. A partir de entonces se operan una serie de cambios de mentalidad y sensibilidad, motivados por el vertiginoso ritmo de grandes e importantes conmociones políticas, sociales y culturales en América y el mundo. Se ha procurado que la temática de los cuentos y su tratamiento comporten interés para el adolescente, de modo preferencial. Y también, se ha buscado que los autores antologados sean representativos de las diversas vertientes de la narrativa latinoamericana contemporánea.

Los cuentos han sido ubicados siguiendo el orden alfabético que corresponde a los países de los autores. Acompaña a cada relato una breve nota que informa acerca de la trayectoria del autor y su obra literaria; y también breves textos, entrevistas o comentarios que reflejan la opinión de cada autor sobre la creación literaria y su propia obra.

13

Julio Cortázar

LA SEÑORITA
CORA

ARGENTINA

JULIO CORTÁZAR, escritor argentino, nació en Bélgica en 1914. Posteriormente, desde 1919 hasta 1951 vivió en Buenos Aires, donde publicó *Bestiario* (cuentos, 1951). Luego, radicó en París hasta la fecha de su muerte, acaecida en 1984. Pese a la controversia que suscitó su prolongada residencia en Francia y su posterior ciudadanía francesa, Cortázar permaneció siempre fiel a su lenguaje, reconocido y entrañablemente argentino y a su constante preocupación por el destino de Latinoamérica. Viajero incansable, gran aficionado al jazz y al boxeo, brillante ensayista, escribió los libros de cuentos: *Final de juego* (1956); *Las armas secretas* (1959); *Todos los fuegos el fuego* (1966); *Deshoras* (1983); las tiernas e irónicas *Historias de cronopios y de famas* (1962) y *Un tal Lucas* (1979). Publicó cuatro novelas: *Los premios* (1960); *Rayuela* (1963); *62 modelo para armar* (1979) y *El libro de Manuel* (1973). Reunió en libro sus ensayos y poemas: *La vuelta al día en ochenta mundos* (1967); *Último round* (1969); *Los autonautas de la cosmopista* (en colaboración con Carol Dunlop, 1982) y *Nicaragua tan violentamente dulce* (1984).

Cortázar dijo en una carta:
"En el fondo lo que pienso
de mi obra es que fue tan hermoso escribirla,
como hacer el amor con la palabra durante cuarenta años".
Y más adelante: "No puedo ser indiferente al hecho de que mis libros
hayan encontrado en los jóvenes latinoamericanos un eco vital,
una confirmación de latencias, de vislumbres,
de aperturas hacia el misterio y la gran hermosura de la vida...
si alguna vez se pudo ser un gran escritor
sin sentirse partícipe del destino histórico inmediato del hombre,
en este momento no se puede escribir
sin esta participación que es responsabilidad y obligación
y sólo las obras que la transmiten,
aunque sean de pura imaginación [...] contendrán
de alguna indecible manera ese temblor,
esa presencia que las hace reconocibles y entrañables,

que despierta en el lector
un sentimiento de contacto y cercanía".

Extracto de la carta
dirigida a Roberto Fernández Retamar,
Director de Casa de las Américas, La Habana,
el 10 de mayo de 1967. Publicada en El Periodista,
año 1, N.° 31, abril de 1985, Buenos Aires.

LA SEÑORITA CORA

We'll send your love to college, all for a year or two,
And then perhaps in time the boy will do for you.

THE TREES THAT GROW SO HIGH
(Canción folklórica inglesa)

No ENTIENDO por qué no me dejan pasar la noche en la clínica con el nene, al fin y al cabo soy su madre y el doctor De Luisi nos recomendó personalmente al director. Podrían traer un sofá cama y yo lo acompañaría para que se vaya acostumbrando, entró tan pálido el pobrecito como si fueran a operarlo en seguida, yo creo que es ese olor de las clínicas, su padre también estaba nervioso y no veía la hora de irse, pero yo estaba segura de que me dejarían con el nene. Después de todo tiene apenas quince años y nadie se los daría, siempre pegado a mí aunque ahora con los pantalones largos quiere disimular y hacerse el hombre grande. La impresión que le habrá hecho cuando se dio cuenta de que no me dejaban quedarme, menos mal que su padre le dio charla, le hizo poner el piyama y meterse en la cama. Y todo por esa mocosa de enfermera, yo me pregunto si verdaderamente tiene órdenes de los médicos o si lo hace por pura maldad. Pero bien que se lo dije, bien que le pregunté si estaba segura de que tenía que irme. No hay más que mirarla para darse cuenta de quién es, con esos aires de vampiresa y ese delantal ajustado, una chiquilina de porquería que se cree la directora de la clínica. Pero eso sí, no se la llevó de arriba, le dije lo que pensaba y eso que el nene no sabía dónde meterse de vergüenza y su padre se hacía el desentendido y de paso seguro que le miraba las piernas como de costumbre. Lo único que me consuela es que el ambiente es bueno, se nota que es una clínica para personas pudientes; el nene

19

tiene un velador de lo más lindo para leer sus revistas, y por suerte su padre se acordó de traerle caramelos de menta que son los que más le gustan. Pero mañana por la mañana, eso sí, lo primero que hago es hablar con el doctor De Luisi para que la ponga en su lugar a esa mocosa presumida. Habrá que ver si la frazada lo abriga bien al nene, voy a pedir que por las dudas le dejen otra a mano. Pero sí, claro que me abriga, menos mal que se fueron de una vez, mamá cree que soy un chico y me hace hacer cada papelón. Seguro que la enfermera va a pensar que no soy capaz de pedir lo que necesito, me miró de una manera cuando mamá le estaba protestando... Está bien, si no la dejaban quedarse qué le vamos a hacer, ya soy bastante grande para dormir solo de noche, me parece. Y en esta cama se dormirá bien, a esta hora ya no se oye ningún ruido, a veces de lejos el zumbido del ascensor que me hace acordar a esa película de miedo que también pasaba en una clínica, cuando a medianoche se abría poco a poco la puerta y la mujer paralítica en la cama veía entrar al hombre de la máscara blanca...

La enfermera es bastante simpática, volvió a las seis y media con unos papeles y me empezó a preguntar mi nombre completo, la edad y esas cosas. Yo guardé la revista en seguida porque hubiera quedado mejor estar leyendo un libro de veras y no una fotonovela, y creo que ella se dio cuenta pero no dijo nada, seguro que todavía estaba enojada por lo que le había dicho mamá y pensaba que yo era igual que ella y que le iba a dar órdenes o algo así. Me preguntó si me dolía el apéndice y le dije que no, que esa noche estaba muy bien. "A ver el pulso", me dijo, y después de tomármelo anotó algo más en la planilla y la colgó a los pies de la cama. "¿Tenés hambre?", me preguntó, y yo creo que me puse colorado porque me tomó de sorpresa que me tuteara, es tan joven que me hizo impresión. Le dije que no, aunque era mentira porque a esa hora siempre tengo hambre. "Esta noche vas a cenar muy liviano", dijo ella, y cuando quise darme cuenta ya me había quitado el paquete de

caramelos de menta y se iba. No sé si empecé a decirle algo, creo
que no. Me daba una rabia que me hiciera eso como a un chico, bien
podía haberme dicho que no tenía que comer caramelos, pero lle-
várselos… Seguro que estaba furiosa por lo de mamá y se desqui-
taba conmigo, de puro resentida; qué sé yo, después que se fue se
me pasó de golpe el fastidio, quería seguir enojado con ella pero no
podía. Qué joven es, clavado que no tiene ni diecinueve años, debe
haberse recibido de enfermera hace muy poco. A lo mejor viene
para traerme la cena; le voy a preguntar cómo se llama, si va a ser
mi enfermera tengo que darle un nombre. Pero en cambio vino otra,
una señora muy amable vestida de azul que me trajo un caldo y biz-
cochos y me hizo tomar unas pastillas verdes. También ella me preguntó cómo me llamaba y si me sentía bien, y me dijo que en esta
pieza dormiría tranquilo porque era una de las mejores de la clínica,
y es verdad porque dormí hasta casi las ocho en que me despertó una
enfermera chiquita y arrugada como un mono pero muy amable,
que me dijo que podía levantarme y lavarme pero antes me dio un
termómetro y me dijo que me lo pusiera como se hace en estas clínicas, y yo no entendí porque en casa se pone debajo del brazo, y
entonces me explicó y se fue. Al rato vino mamá y qué alegría verlo
tan bien, yo que me temía que hubiera pasado la noche en blanco el
pobre querido, pero los chicos son así, en la casa tanto trabajo y
después duermen a pierna suelta aunque estén lejos de su mamá que
no ha cerrado los ojos la pobre. El doctor De Luisi entró para revisar
al nene y yo me fui un momento afuera porque ya está grandecito,
y me hubiera gustado encontrármela a la enfermera de ayer para
verle bien la cara y ponerla en su sitio nada más que mirándola de
arriba abajo, pero no había nadie en el pasillo. Casi en seguida salió
el doctor De Luisi y me dijo que al nene iban a operarlo a la mañana
siguiente, que estaba muy bien y en las mejores condiciones para la
operación, a su edad una apendicitis es una tontería. Le agradecí
mucho y aproveché para decirle que me había llamado la atención

la impertinencia de la enfermera de la tarde, se lo decía porque no era cosa de que a mi hijo fuera a faltarle la atención necesaria. Después entré en la pieza para acompañar al nene que estaba leyendo sus revistas y ya sabía que lo iban a operar al otro día. Como si fuera el fin del mundo, me mira de un modo la pobre, pero si no me voy a morir, mamá, haceme un poco el favor. Al Cacho le sacaron el apéndice en el hospital y a los seis días ya estaba queriendo jugar al fútbol. Andáte tranquila que estoy muy bien y no me falta nada. Sí, mamá, sí, diez minutos queriendo saber si me duele aquí o más allá, menos mal que se tiene que ocupar de mi hermana en casa, al final se fue y yo pude terminar la fotonovela que había empezado anoche.

La enfermera de la tarde se llama la señorita Cora, se lo pregunté a la enfermera chiquita cuando me trajo el almuerzo; me dieron muy poco de comer y de nuevo pastillas verdes y unas gotas con gusto a menta; me parece que esas gotas hacen dormir porque se me caían las revistas de la mano y de golpe estaba soñando con el colegio y que íbamos a un picnic con las chicas del normal como el año pasado y bailábamos a la orilla de la pileta, era muy divertido. Me desperté a eso de las cuatro y media y empecé a pensar en la operación, no que tenga miedo, el doctor De Luisi dijo que no es nada, pero debe ser raro la anestesia y que te corten cuando estás dormido, el Cacho decía que lo peor es despertarse, que duele mucho y por ahí vomitás y tenés fiebre. El nene de mamá ya no está tan garifo como ayer, se le nota en la cara que tiene un poco de miedo, es tan chico que casi me da lástima. Se sentó de golpe en la cama cuando me vio entrar y escondió la revista debajo de la almohada. La pieza estaba un poco fría y fui a subir la calefacción, después traje el termómetro y se lo di. "¿Te lo sabés poner?", le pregunté, y las mejillas parecía que iban a reventársele de rojo que se puso. Dijo que sí con la cabeza y se estiró en la cama mientras yo bajaba las persianas y encendía el velador. Cuando me acerqué para que me diera el termómetro seguía tan ruborizado que estuve a punto de reírme, pero con los chicos de esa edad siempre pasa lo mismo, les cuesta acostumbrarse a esas cosas. Y para peor me mira en los ojos, por qué no le puedo aguantar esa mirada si al final no es más que una mujer, cuando saqué el termómetro de debajo de las frazadas y se lo alcancé, ella me miraba y yo creo que se sonreía un poco, se me debe notar tanto que me pongo colorado, es algo que no puedo evitar, es más fuerte que yo. Después anotó la temperatura en la hoja que está a los pies de la cama y se fue sin decir nada. Ya casi no me acuerdo de lo que hablé con papá y mamá cuando vinieron a verme a las seis. Se quedaron poco porque la señorita Cora les dijo que había que prepararme y que era mejor que estuviese tranquilo la noche antes. Pensé que mamá iba a soltarle alguna de las suyas pero la miró nomás de arriba abajo, y papá también pero yo al viejo le conozco las miradas, es algo muy diferente. Justo cuando se estaba yendo la oí a mamá que le decía a la señorita Cora: "Le agradeceré que lo atienda bien, es un niño que ha estado siempre muy rodeado por su familia", o alguna idiotez por el estilo, y me hubiera querido morir de rabia, ni siquiera escuché lo que le contestó la señorita Cora, pero estoy seguro de que no le gustó, a lo mejor piensa que me estuve quejando de ella o algo así.

Volvió a eso de las seis y media con una mesita de esas de ruedas llena de frascos y algodones, y no sé por qué de golpe me dio un poco de miedo, en realidad no era miedo pero empecé a mirar lo que había en la mesita, toda clase de frascos azules o rojos, tambores de gasa y también pinzas y tubos de goma, el pobre debía estar empezando a asustarse sin la mamá que parece un papagayo endomingado, le agradeceré que atienda bien al nene, mire que he hablado con el doctor De Luisi, pero sí, señora, se lo vamos a atender como a un príncipe. Es bonito su nene, señora, con esas mejillas que se le arrebolan apenas me ve entrar. Cuando le retiré las frazadas hizo un gesto como para volver a taparse, y creo que se dio cuenta de que me hacía gracia verlo tan pudoroso. "A ver, bajáte el pantalón del piyama", le dije sin mirarlo en la cara. "¿El pantalón?", preguntó con una voz que se le quebró en un gallo. "Sí, claro, el pantalón", repetí, y empezó a soltar el cordón y a desabotonarse con unos dedos que no le obedecían. Le tuve que bajar yo misma el pantalón hasta la mitad de los muslos, y era como me lo había imaginado. "Ya sos un chico crecidito", le dije, preparando la brocha y el jabón aunque la verdad es que poco tenía para afeitar. "¿Cómo te llaman en tu casa?", le pregunté mientras lo enjabonaba. "Me llamo Pablo", me contestó con una voz que me dio lástima, tanta era la vergüenza. "Pero te darán algún sobrenombre", insistí, y fue todavía peor porque me pareció que se iba a poner a llorar mientras yo le afeitaba los pocos pelitos que andaban por ahí. "¿Así que no tenés ningún sobrenombre? Sos el nene solamente, claro." Terminé de afeitarlo y le hice una seña para que se tapara, pero él se adelantó y en un segundo estuvo cubierto hasta el pescuezo. "Pablo es un bonito nombre", le dije para consolarlo un poco; casi me daba pena verlo tan avergonzado, era la primera vez que me tocaba atender a un muchachito tan joven y tan tímido, pero me seguía fastidiando algo en él que a lo mejor le venía de la madre, algo más fuerte que su edad y que no me gustaba, y hasta me molestaba que fuera tan bonito y tan bien hecho para sus años, un mocoso que ya debía creerse un hombre y que a la primera de cambio sería capaz de soltarme un piropo.

Me quedé con los ojos cerrados, era la única manera de escapar un poco de todo eso, pero no servía de nada porque justamente en ese momento agregó: "¿Así que no tenés ningún sobrenombre? Sos el nene solamente, claro", y yo hubiera querido morirme, o agarrarla por la garganta y ahogarla, y cuando abrí los ojos le vi el pelo castaño casi pegado a mi cara porque se había agachado para sacarme un resto de jabón, y olía a shampoo de almendra como el que se pone la profesora de dibujo, o algún perfume de esos, y no supe qué decir y lo único que se me ocurrió fue preguntarle: "¿Usted se llama Cora, verdad?" Me miró con aire burlón, con esos ojos que ya me conocían y que me habían visto por todos lados, y dijo: "La señorita Cora." Lo dijo para castigarme, lo sé, igual que antes había dicho: "Ya sos un chico crecidito", nada más que para burlarse. Aunque me daba rabia tener la cara colorada, eso no lo puedo disimular nunca y es lo peor que me puede ocurrir, lo mismo me animé a decirle: "Usted es tan joven que... Bueno, Cora es un nombre muy lindo." No era eso, lo que yo había querido decirle era otra cosa y me parece que se dio cuenta y le molestó, ahora estoy seguro de que está resentida por culpa de mamá, yo solamente quería decirle que era tan joven que me hubiera gustado poder llamarla Cora a secas, pero cómo se lo iba a decir en ese momento cuando se había enojado y ya se iba con la mesita de ruedas y yo tenía unas ganas de llorar, esa es otra cosa que no puedo impedir, de golpe se me quiebra la voz y veo todo nublado, justo cuando necesitaría estar más tranquilo para decir lo que pienso. Ella iba a salir pero al llegar a la puerta se quedó un momento como para ver si no se olvidaba de alguna cosa, y yo quería decirle lo que estaba pensando pero no encontraba las palabras y lo único que se me ocurrió fue mostrarle la taza con el jabón, se había sentado en la cama y después de aclararse la voz dijo: "Se le olvida la taza con el jabón", muy seriamente y con un tono de hombre grande. Volví a buscar la taza y un poco para que se calmara le pasé la mano por la mejilla. "No te aflijas, Pablito", le dije. "Todo irá bien, es una operación de nada." Cuando lo toqué echó la cabeza atrás como ofendido, y después resbaló hasta esconder la boca en el borde de las frazadas. Desde ahí, ahogadamente, dijo: "Puedo llamarla Cora, ¿verdad?" Soy demasiado buena, casi me dio lástima tanta vergüenza que buscaba desquitarse por otro lado, pero sabía que no era el caso de ceder porque después me resultaría difícil dominarlo, y a un enfermo hay que dominarlo o es lo de siempre, los líos de Ma-

25

ría Luisa en la pieza catorce o los retos del doctor De Luisi que tiene un olfato de perro para esas cosas. "Señorita Cora", me dijo tomando la taza y yéndose. Me dio una rabia, unas ganas de pegarle, de saltar de la cama y echarla a empujones, o de... Ni siquiera comprendo cómo pude decirle: "Si yo estuviera sano a lo mejor me trataría de otra manera." Se hizo la que no oía, ni siquiera dio vuelta la cabeza, y me quedé solo y sin ganas de leer, sin ganas de nada, en el fondo hubiera querido que me contestara enojada para poder pedirle disculpas porque en realidad no era lo que yo había pensado decirle, tenía la garganta tan cerrada que no sé cómo me habían salido las palabras, se lo había dicho de pura rabia pero no era eso, o a lo mejor sí pero de otra manera.

Y sí, son siempre lo mismo, una los acaricia, les dice una frase amable, y ahí nomás asoma el machito, no quieren convencerse de que todavía son unos mocosos. Esto tengo que contárselo a Marcial, se va a divertir y cuando mañana lo vea en la mesa de operaciones le va a hacer todavía más gracia, tan tiernito el pobre con esa carucha arrebolada, maldito calor que me sube por la piel, cómo podría hacer para que no me pase eso, a lo mejor respirando hondo antes de hablar, qué sé yo. Se debe haber ido furiosa, estoy seguro de que escuchó perfectamente, no sé cómo le dije eso, yo creo que cuando le pregunté si podía llamarla Cora no se enojó, me dijo lo de señorita porque es su obligación pero no estaba enojada, la prueba es que vino y me acarició la cara; pero no, eso fue antes, primero me acarició y entonces yo le dije lo de Cora y lo eché todo a perder. Ahora estamos peor que antes y no voy a poder dormir aunque me den un tubo de pastillas. La barriga me duele de a ratos, es raro pasarse la mano y sentirse tan liso, lo malo es que me vuelvo a acordar de todo y del perfume de almendras, la voz de Cora, tiene una voz muy grave para una chica tan joven y linda, una voz como de cantante de boleros, algo que acaricia aunque esté enojada. Cuando oí pasos en el corredor me acosté del todo y cerré los ojos, no quería verla, no me importaba verla, mejor que me dejara en paz, sentí que entraba y que encendía la luz del cielo raso, se hacía el dormido como un angelito, con una mano tapándose la cara, y no abrió los ojos hasta que llegué al lado de la cama. Cuando vio lo que traía se puso tan colorado que me volvió a dar lástima y un poco de risa, era demasiado idiota realmente. "A ver, m'hijito, bájese el pantalón y dése vuelta para el otro lado", y el pobre a punto de patalear como haría con la mamá cuando tenía cinco años, me imagino, a decir que no y a llorar y a meterse debajo de las cobijas y a chillar, pero el pobre no podía hacer nada de eso ahora, solamente se había quedado mirando el irrigador y después a mí que esperaba, y de golpe se dio vuelta y empezó a mover las manos debajo de las frazadas pero no atinaba a nada mientras yo colgaba el irrigador en la cabecera, tuve que bajarle las frazadas y ordenarle que levantara un poco el trasero para correrle mejor el pantalón y deslizarle una toalla. "A ver, subí un poco las piernas, así está bien, echáte más de boca, te digo que te eches más de boca, así." Tan callado que era casi como si gritara, por una parte me hacía gracia estarle viendo el culito a mi joven admirador, pero de nuevo me daba un poco de lástima por él, era realmente como si lo estuviera castigando por lo que me había dicho. "Avisá si está muy caliente", le previne, pero no contestó nada, debía estar mordiéndose un puño y yo no quería verle la cara y por eso me senté al borde de la cama y esperé a que dijera algo, pero aunque era mucho líquido lo aguantó sin una palabra hasta el final, y cuando terminó le dije, y eso sí se lo dije para cobrarme lo de antes: "Así me gusta, todo un hombrecito", y lo tapé mientras le recomendaba que aguantase lo más posible antes de ir al baño. "¿Querés que te apague la luz o te la dejo hasta que te levantés?", me preguntó desde la puerta. No sé cómo alcancé a decirle que era lo mismo, algo así, y escuché el ruido de la puerta al cerrarse y entonces me tapé la cabeza con las frazadas y qué le iba a hacer, a pesar de los cólicos me mordí las dos manos y lloré tan-

27

to que nadie, nadie puede imaginarse lo que lloré mientras la maldecía y la insultaba y le clavaba un cuchillo en el pecho cinco, diez, veinte veces, maldiciéndola cada vez y gozando de lo que sufría y de cómo me suplicaba que la perdonase por lo que me había hecho.

Es lo de siempre, che Suárez, uno corta y abre, y en una de esas la gran sorpresa. Claro que a la edad del pibe tiene todas las chances a su favor, pero lo mismo le voy a hablar claro al padre, no sea cosa que en una de esas tengamos un lío. Lo más probable es que haya una buena reacción, pero ahí hay algo que falla, pensá en lo que pasó al comienzo de la anestesia: parece mentira en un pibe de esa edad. Lo fui a ver a las dos horas y lo encontré bastante bien si pensás en lo que duró la cosa. Cuando entró el doctor De Luisi yo estaba secándole la boca al pobre, no terminaba de vomitar y todavía le duraba la anestesia pero el doctor lo auscultó lo mismo y me pidió que no me moviera de su lado hasta que estuviera bien despierto. Los padres siguen en la otra pieza, la buena señora se ve que no está acostumbrada a estas cosas, de golpe se le acabaron las paradas, y el viejo parece un trapo. Vamos, Pablito, vomitá si tenés ganas y quéjate todo lo que quieras, yo estoy aquí, sí, claro que estoy aquí, el pobre sigue dormido pero me agarra la mano como si se estuviera ahogando. Debe creer que soy la mamá, todos creen eso, es monótono. Vamos, Pablo, no te muevas así, quieto que te va a doler más, no, dejá las manos tranquilas, ahí no te podés tocar. Al pobre le cuesta salir de la anestesia, Marcial me dijo que la operación había sido muy larga. Es raro, habrán encontrado alguna complicación: a veces el apéndice no está tan a la vista, le voy a preguntar a Marcial esta noche. Pero sí, m'hijito, estoy aquí, quéjese todo lo que quiera pero no se mueva tanto, yo le voy a mojar los labios con este pedacito de hielo en una gasa, así se le va pasando la sed. Sí, querido, vomitá más, aliviáte todo lo que quieras. Qué fuerza tenés en las manos, me vas a llenar de moretones, sí, sí, llorá si tenés ganas, llorá, Pablito, eso alivia, llorá y quejáte, total estás tan dormido y creés que soy tu mamá. Sos bien bonito, sabés, con esa nariz un poco respingada y esas pestañas como cortinas, parecés mayor ahora que estás tan pálido. Ya no te pondrías colorado por nada, verdad, mi pobrecito. Me duele, mamá, me duele aquí, dejáme que me saque ese peso que me han puesto, tengo algo en la barriga que pesa tanto y me duele, mamá, decíle a la enfermera que me saque eso. Sí, m'hijito, ya se le va a pasar, quédese un poco quieto, por qué tendrás tanta fuerza, voy a tener que llamar a María Luisa para que me ayude. Vamos, Pablo, me enojo si no te estás quieto, te va a doler mucho más si seguís moviéndote tanto. Ah, parece que empezás a darte cuenta, me duele aquí, señorita Cora, me duele tanto aquí, hágame algo por favor, me duele tanto aquí, suélteme las manos, no puedo más, señorita Cora, no puedo más.

Menos mal que se ha dormido el pobre querido, la enfermera me vino a buscar a las dos y media y me dijo que me quedara un rato con él que ya estaba mejor, pero lo veo tan pálido, ha debido perder tanta sangre, menos mal que el doctor De Luisi dijo que todo había salido bien. La enfermera estaba cansada de luchar con él, yo no entiendo por qué no me hizo entrar antes, en esta clínica son demasiado severos. Ya es casi de noche y el nene ha dormido todo el tiempo, se ve que está agotado, pero me parece que tiene mejor cara, un poco de color. Todavía se queja de a ratos pero ya no quiere tocarse el vendaje y respira tranquilo, creo que pasará bastante buena noche. Como si yo no supiera lo que tengo que hacer, pero era inevitable; apenas se le pasó el primer susto a la buena señora le salieron otra vez los desplantes de patrona, por favor que al nene no le vaya a faltar nada por la noche, señorita. Decí que te tengo lástima, vieja estúpida, si no ya ibas a ver cómo te trataba. Las conozco a éstas, creen que con una buena propina el último día lo

29

arreglan todo. Y a veces la propina ni siquiera es buena, pero para qué seguir pensando, ya se mandó mudar y todo está tranquilo. Marcial, quedáte un poco, no ves que el chico duerme, contáme lo que pasó esta mañana. Bueno, si estás apurado lo dejamos para después. No, mirá que puede entrar María Luisa, aquí no, Marcial. Claro, el señor se sale con la suya, ya te he dicho que no quiero que me beses cuando estoy trabajando, no está bien. Parecería que no tenemos toda la noche para besarnos, tonto. Andáte. Váyase le digo, o me enojo. Bobo, pajarraco. Sí, querido, hasta luego. Claro que sí. Muchísimo.

Está muy oscuro pero es mejor, no tengo ni ganas de abrir los ojos. Casi no me duele, que bueno estar así respirando despacio, sin esas náuseas. Todo está tan callado, ahora me acuerdo que vi a mamá, me dijo no sé qué, yo me sentía tan mal. Al viejo lo miré apenas, estaba a los pies de la cama y me guiñaba un ojo, el pobre siempre el mismo. Tengo un poco de frío, me gustaría otra frazada. Señorita Cora, me gustaría otra frazada. Pero si estaba ahí, apenas abrí los ojos la vi sentada al lado de la ventana leyendo una revista. Vino en seguida y me arropó, casi no tuve que decirle nada porque se dio cuenta en seguida. Ahora me acuerdo, yo creo que esta tarde la confundía con mamá y que ella me calmaba, o a lo mejor estuve soñando. ¿Estuve soñando, señorita Cora? Usted me sujetaba las manos, ¿verdad? Yo decía tantas pavadas, pero es que me dolía mucho, y las náuseas… Discúlpeme, no debe ser nada lindo ser enfermera. Sí, usted se ríe pero yo sé, a lo mejor la manché y todo. Bueno, no hablaré más. Estoy tan bien así, ya no tengo frío. No, no me duele mucho, un poquito solamente. ¿Es tarde, señorita Cora? Sh, usted se queda calladito ahora, ya le he dicho que no puede hablar mucho, alégrese de que no le duela y quédese bien quieto. No, no es tarde, apenas las siete. Cierre los ojos y duerma. Así. Duérmase ahora.

Sí, yo querría pero no es tan fácil. Por momentos me parece que me voy a dormir, pero de golpe la herida me pega un tirón o todo me da vueltas en la cabeza, y tengo que abrir los ojos y mirarla, está sentada al lado de la ventana y ha puesto la pantalla para leer sin que me moleste la luz. ¿Por qué se quedará aquí todo el tiempo? Tiene un pelo precioso, le brilla cuando mueve la cabeza. Y es tan joven, pensar que hoy la confundí con mamá, es increíble. Vaya a saber qué cosas le dije, se debe haber reído otra vez de mí. Pero me pasaba hielo por la boca, eso me aliviaba tanto, ahora me acuerdo, me puso agua colonia en la frente y en el pelo, y me sujetaba las manos para que no me arrancara el vendaje. Ya no está enojada conmigo, a lo mejor mamá le pidió disculpas o algo así, me miraba de otra manera cuando me dijo: "Cierre los ojos y duérmase." Me gusta que me mire así, parece mentira lo del primer día cuando me quitó los caramelos. Me gustaría decirle que es tan linda, que no tengo nada contra ella, al contrario, que me gusta que sea ella la que me cuida de noche y no la enfermera chiquita. Me gustaría que me pusiera otra vez agua colonia en el pelo. Me gustaría que me pidiera perdón, que me dijera que la puedo llamar Cora.

Se quedó dormido un buen rato, a las ocho calculé que el doctor De Luisi no tardaría y lo desperté para tomarle la temperatura. Tenía mejor cara y le había hecho bien dormir. Apenas vio el termómetro sacó una mano fuera de las cobijas, pero le dije que se estuviera quieto. No quería mirarlo en los ojos para que no sufriera pero lo mismo se puso colorado y empezó a decir que él podía muy bien solo. No le hice caso, claro, pero estaba tan tenso el pobre que no me quedó más remedio que decirle: "Vamos, Pablo, ya sos un hombrecito, no te vas a poner así cada vez, verdad?" Es lo de siempre, con esa debilidad no pudo contener las lágrimas; haciéndome la que no me daba cuenta anoté la temperatura y me fui a prepararle la inyección. Cuando volvió yo me había secado los ojos con la sábana y tenía tanta rabia contra mí mismo que hubiera dado cualquier cosa por poder hablar, decirle que no me importaba, que en

31

realidad no me importaba pero que no lo podía impedir. "Esto no duele nada", me dijo con la jeringa en la mano. "Es para que duermas bien toda la noche." Me destapó y otra vez sentí que me subía la sangre a la cara, pero ella se sonrió un poco y empezó a frotarme el muslo con un algodón mojado. "No duele nada", le dije porque algo tenía que decirle, no podía ser que me quedara así mientras ella me estaba mirando. "Ya ves", me dijo sacando la aguja y frotándome con el algodón. "Ya ves que no duele nada. Nada te tiene que doler, Pablito." Me tapó y me pasó la mano por la cara. Yo cerré los ojos y hubiera querido estar muerto, estar muerto y que ella me pasara la mano por la cara, llorando.

Nunca entendí mucho a Cora pero esta vez se fue a la otra banda. La verdad que no me importa si no entiendo a las mujeres, lo único que vale la pena es que lo quieran a uno. Si están nerviosas, si se hacen problema por cualquier macana, bueno nena, ya está, déme un beso y se acabó. Se ve que todavía es tiernita, va a pasar un buen rato antes de que aprenda a vivir en este oficio maldito, la pobre apareció esta noche con una cara rara y me costó media hora hacerle olvidar esas tonterías. Todavía no ha encontrado la manera de buscarle la vuelta a algunos enfermos, ya le pasó con la vieja del veintidós pero yo creía que desde entonces habría aprendido un poco, y ahora este pibe le vuelve a dar dolores de cabeza. Estuvimos tomando mate en mi cuarto a eso de las dos de la mañana, después fue a darle la inyección y cuando volvió estaba de mal humor, no quería saber nada conmigo. Le quedaba bien esa carucha de enojada, de tristona, de a poco se la fui cambiando, y al final se puso a reír y me contó, a esa hora me gusta tanto desvestirla y sentir que tiembla un poco como si tuviera frío. Debe ser muy tarde, Marcial. Ah, entonces puedo quedarme un rato todavía, la otra inyección le toca a las cinco y media, la galleguita no llega hasta las seis. Perdonáme, Marcial, soy una boba, mirá que preocuparme tanto por ese mocoso, al fin y al cabo lo tengo dominado pero de a ratos me da lástima, a esa edad son tan tontos, tan orgullosos, si pudiera le pediría al doctor Suárez que me cambiara, hay dos operados en el segundo piso, gente grande, uno les pregunta tranquilamente si han ido de cuerpo, les alcanza la chata, los limpia si hace falta, todo eso charlando del tiempo o de la política, es un ir y venir de cosas naturales, cada uno está en lo suyo, Marcial, no como aquí, comprendés. Sí, claro que hay que hacerse a todo, cuántas veces me van a tocar chicos de esa edad, es una cuestión de técnica como decís vos. Sí, querido, claro. Pero es que todo empezó mal por culpa de la madre, eso no se ha borrado, sabés, desde el primer minuto hubo como un malentendido, y el chico tiene su orgullo y le duele, sobre todo que al principio no se daba cuenta de todo lo que iba a venir y quiso hacerse el grande, mirarme como si fueras vos, como un hombre. Ahora ya ni le puedo preguntar si quiere hacer pis, lo malo es que sería capaz de aguantarse toda la noche si yo me quedara en la pieza. Me da risa cuando me acuerdo, quería decir que sí y no se animaba, entonces me fastidió tanta tontería y lo obligué para que aprendiera a hacer pis sin moverse, bien tendido de espaldas. Siempre cierra los ojos en esos momentos pero es casi peor, está a punto de llorar o de insultarme, está entre las dos cosas y no puede, es tan chico, Marcial, y esa buena señora que lo ha de haber criado como un tilinguito, el nene de aquí y el nene de allá, mucho sombrero y saco entallado pero en el fondo el bebé de siempre, el tesorito de mamá. Ah, y justamente le vengo a tocar yo, el alto voltaje como decís vos, cuando hubiera estado tan bien con María Luisa que es idéntica a su tía y que lo hubiera limpiado por todos lados sin que se le subieran los colores a la cara. No, la verdad, no tengo suerte, Marcial.

33

Estaba soñando con la clase de francés cuando encendió la luz del velador, lo primero que le veo es siempre el pelo, será porque se tiene que agachar para las inyecciones o lo que sea, el pelo cerca de mi cara, una vez me hizo cosquillas en la boca y huele tan bien, y siempre se sonríe un poco cuando me está frotando con el algodón, me frotó un rato largo antes de pincharme y yo le miraba la mano tan segura que iba apretando de a poco la jeringa, el líquido amarillo que entraba despacio, haciéndome doler. "No, no me duele nada." Nunca le podré decir: "No me duele nada, Cora." Y no le voy a decir señorita Cora, no se lo voy a decir nunca. Le hablaré lo menos que pueda y no la pienso llamar señorita Cora aunque me lo pida de rodillas. No, no me duele nada. No, gracias, me siento bien, voy a seguir durmiendo. Gracias.

Por suerte ya tiene de nuevo sus colores pero todavía está muy decaído, apenas si pudo darme un beso, y a tía Esther casi no la miró y eso que le había traído las revistas y una corbata preciosa para el día en que lo llevemos a casa. La enfermera de la mañana es un amor de mujer, tan humilde, con ella sí da gusto hablar, dice que el nene durmió hasta las ocho y que bebió un poco de leche, parece que ahora van a empezar a alimentarlo, tengo que decirle al doctor Suárez que el cacao le hace mal, o a lo mejor su padre ya se lo dijo porque estuvieron hablando un rato. Si quiere salir un momento, señora, vamos a ver cómo anda este hombre. Usted quédese, señor Morán, es que a la mamá le puede hacer impresión tanto vendaje. Vamos a ver un poco, compañero. ¿Ahí duele? Claro, es natural. Y ahí, decíme si ahí te duele o solamente está sensible. Bueno, vamos muy bien, amiguito. Y así cinco minutos, si me duele aquí, si estoy sensible más acá, y el viejo mirándome la barriga como si me la viera por primera vez. Es raro pero no me siento tranquilo hasta que se van, pobres viejos tan afligidos pero qué le voy a hacer, me molestan, dicen siempre lo que no hay que decir, sobre todo mamá, y menos mal que la enfermera chiquita parece sorda y le aguanta

34

todo con esa cara de esperar propina que tiene la pobre. Mirá que venir a jorobar con lo del cacao, ni que yo fuese un niño de pecho. Me dan unas ganas de dormir cinco días seguidos sin ver a nadie, sobre todo sin ver a Cora, y despertarme justo cuando me vengan a buscar para ir a casa. A lo mejor habrá que esperar unos días más, señor Morán, ya sabrá por De Luisi que la operación fue más complicada de lo previsto, a veces hay pequeñas sorpresas. Claro que con la constitución de ese chico yo creo que no habrá problema, pero mejor dígale a su señora que no va a ser cosa de una semana como se pensó al principio. Ah, claro, bueno, de eso usted hablará con el administrador, son cosas internas. Ahora vos fijáte si no es mala suerte, Marcial, anoche te lo anuncié, esto va a durar mucho más de lo que pensábamos. Sí, ya sé que no importa pero podrías ser un poco más comprensivo, sabés muy bien que no me hace feliz atender a ese chico, y a él todavía menos, pobrecito. No me mirés así, por qué no le voy a tener lástima. No me mirés así.

Nadie me prohibió que leyera pero se me caen las revistas de la mano, y eso que tengo dos episodios por terminar y todo lo que me trajo tía Esther. Me arde la cara, debo de tener fiebre o es que hace mucho calor en esta pieza, le voy a pedir a Cora que entorne un poco la ventana o que me saque una frazada. Quisiera dormir, es lo que más me gustaría, que ella estuviese allí sentada leyendo una revista y yo durmiendo sin verla, sin saber que está allí, pero ahora no se va a quedar más de noche, ya pasó lo peor y me dejarán solo. De tres a cuatro creo que dormí un rato, a las cinco justas vino con un remedio nuevo, unas gotas muy amargas. Siempre parece que se acaba de bañar y cambiar, está tan fresca y huele a talco perfumado, a lavanda. "Este remedio es muy feo, ya sé", me dijo, y se sonreía para animarme. "No, es un poco amargo, nada más", le dije. "¿Cómo pasaste el día?", me preguntó, sacudiendo el termómetro. Le dije que bien, que durmiendo, que el doctor Suárez me había encontrado mejor, que no me dolía mucho. "Bueno, entonces podés trabajar un poco", me dijo dándome el termómetro. Yo no supe qué contestarle y ella se fue a cerrar las persianas y arregló los frascos en la mesita mientras yo me tomaba la temperatura. Hasta tuve tiempo de echarle un vistazo al termómetro antes de que viniera a buscarlo. "Pero tengo muchísima fiebre", me dijo como asustado. Era fatal, siempre seré la misma estúpida, por evitarle el mal momento le doy el termómetro y naturalmente el muy chiquilín no pierde tiempo en enterarse de que está volando de fiebre. "Siempre es así los primeros cuatro días, y además nadie te mandó que miraras", le dije, más furiosa contra mí que contra él. Le pregunté si había movido el vientre y me dijo que no. Le sudaba la cara, se la sequé y le puse un poco de agua colonia; había cerrado los ojos antes de contestarme y no los abrió mientras yo lo peinaba un poco para que no le molestara el pelo en la frente. Treinta y nueve nueve era mucha fiebre, realmente. "Tratá de dormir un rato", le dije, calculando a qué hora podría avisarle al doctor Suárez. Sin abrir los ojos hizo un gesto como de fastidio, y articulando cada palabra me dijo: "Usted es mala conmigo, Cora." No atiné a contestarle nada, me quedé a su lado hasta que abrió los ojos y me miró con toda su fiebre y toda su tristeza. Casi sin darme cuenta estiré la mano y quise hacerle una caricia en la frente, pero me rechazó de un manotón y algo debió tironearle en la herida porque se crispó de dolor. Antes de que pudiera reaccionar me dijo en voz muy baja: "Usted no sería así conmigo si me hubiera conocido en otra parte." Estuve al borde de soltar una carcajada, pero era tan ridículo que me dijera eso mientras se le llenaban los ojos de lágrimas que me pasó lo de siempre, me dio rabia y casi miedo, me sentí de golpe como desamparada delante de ese chiquilín pretencioso. Conseguí dominarme (eso se lo debo a Marcial, me ha enseñado a controlarme y cada vez lo hago mejor), y me enderecé como si no hubiera sucedido nada, puse la toalla en la percha y tapé el frasco de agua colonia. En fin, ahora sabíamos a qué atenernos, en el fondo era mucho mejor así.

Enfermera, enfermo, y pare de contar. Que el agua colonia se la pusiera la madre, yo tenía otras cosas que hacerle y se las haría sin más contemplaciones. No sé por qué me quedé más de lo necesario. Marcial me dijo cuando se lo conté que había querido darle la oportunidad de disculparse, de pedir perdón. No sé, a lo mejor fue eso o algo distinto, a lo mejor me quedé para que siguiera insultándome, para ver hasta dónde era capaz de llegar. Pero seguía con los ojos cerrados y el sudor le empapaba la frente y las mejillas, era como si me hubieran metido en agua hirviendo, veía manchas violeta y rojas cuando apretaba los ojos para no mirarla sabiendo que todavía estaba allí, y hubiera dado cualquier cosa para que se agachara y volviera a secarme la frente como si yo no le hubiera dicho eso, pero ya era imposible, se iba a ir sin hacer nada, sin decirme nada, y yo abriría los ojos y encontraría la noche, el velador, la pieza vacía, un poco de perfume todavía, y me repetiría diez veces, cien veces, que había hecho bien en decirle lo que le había dicho, para que aprendiera, para que no me tratara como a un chico, para que me dejara en paz, para que no se fuera.

Empiezan siempre a la misma hora, entre seis y siete de la mañana, debe ser una pareja que anida en las cornisas del patio, un palomo que arrulla y la paloma que le contesta, al rato se cansan, se lo dije a la enfermera chiquita que viene a lavarme y a darme el desayuno, se encogió de hombros y dijo que ya otros enfermos se habían quejado de las palomas pero que el director no quería que las echaran. Ya ni sé cuánto hace que las oigo, las primeras mañanas estaba demasiado dormido o dolorido para fijarme, pero desde hace tres días escucho a las palomas y me entristecen, quisiera estar en casa oyendo ladrar a Milord, oyendo a tía Esther que a esta hora se levanta para ir a misa. Maldita fiebre que no quiere bajar, me van a tener aquí hasta quién sabe cuándo, se lo voy a preguntar al doctor

37

Suárez esta misma mañana, al fin y al cabo podría estar lo más bien en casa. Mire, señor Morán, quiero ser franco con usted, el cuadro no es nada sencillo. No, señorita Cora, prefiero que usted siga atendiendo a ese enfermo, y le voy a decir por qué. Pero entonces, Marcial... Vení, te voy a hacer un café bien fuerte, mirá que sos potrilla todavía, parece mentira. Escuchá, vieja, he estado hablando con el doctor Suárez, y parece que el pibe...

Por suerte después se callan, a lo mejor se van volando por ahí, por toda la ciudad, tienen suerte las palomas. Qué mañana interminable, me alegré cuando se fueron los viejos, ahora les da por venir más seguido desde que tengo tanta fiebre. Bueno, si me tengo que quedar cuatro o cinco días más aquí, qué importa. En casa sería mejor, claro, pero lo mismo tendría fiebre y me sentiría tan mal de a ratos. Pensar que no puedo ni mirar una revista, es una debilidad como si no me quedara sangre. Pero todo es por la fiebre, me lo dijo anoche el doctor De Luisi y el doctor Suárez me lo repitió esta mañana, ellos saben. Duermo mucho pero lo mismo es como si no pasara el tiempo, siempre es antes de las tres como si a mí me importaran las tres o las cinco. Al contrario, a las tres se va la enfermera chiquita y es una lástima porque con ella estoy tan bien. Si me pudiera dormir de un tirón hasta la medianoche sería mucho mejor. Pablo, soy yo, la señorita Cora. Tu enfermera de la noche que te hace doler con las inyecciones. Ya sé que no te duele, tonto, es una broma. Seguí durmiendo si querés, ya está. Me dijo: "Gracias" sin abrir los ojos, pero hubiera podido abrirlos, sé que con la galleguita estuvo charlando a mediodía aunque le han prohibido que hable mucho. Antes de salir me di vuelta de golpe y me estaba mirando, sentí que todo el tiempo me había estado mirando de espaldas. Volví y me senté al lado de la cama, le tomé el pulso, le arreglé las sábanas que arrugaba con sus manos de fiebre. Me miraba el pelo, después bajaba la vista y evitaba mis ojos. Fui a buscar lo necesario para prepararlo y me dejó hacer sin una palabra, con los ojos fijos en la ventana, ignorándome. Vendrían a buscarlo a las cinco y media en punto, todavía le quedaba un rato para domir, los padres esperaban en la planta baja porque le hubiera hecho impresión verlos a esa hora. El doctor Suárez iba a venir un rato antes para explicarle que tenían que completar la operación, cualquier cosa que no lo inquietara demasiado. Pero en cambio mandaron a Marcial, me tomó de sorpresa verlo entrar así pero me hizo una seña para que no me moviera y se quedó a los pies de la cama leyendo la hoja de temperatura hasta que Pablo se acostumbrara a su presencia. Le empezó a hablar un poco en broma, armó la conversación como él sabe hacerlo, el frío en la calle, lo bien que se estaba en ese cuarto, y él lo miraba sin decir nada, como esperando, mientras yo me sentía tan rara, hubiera querido que Marcial se fuera y me dejara sola con él, yo hubiera podido decírselo mejor que nadie, aunque quizá no, probablemente no. Pero si ya lo sé, doctor, me van a operar de nuevo, usted es el que me dio la anestesia la otra vez, y bueno, mejor eso que seguir en esta cama y con esta fiebre. Yo sabía que al final tendrían que hacer algo, por qué me duele tanto desde ayer, un dolor diferente, desde más adentro. Y usted, ahí sentada, no ponga esa cara, no se sonría como si me viniera a invitar al cine. Váyase con él y béselo en el pasillo, tan dormido no estaba la otra tarde cuando usted se enojó con él porque la había besado aquí. Váyanse los dos, déjenme dormir, durmiendo no me duele tanto.

39

Y bueno, pibe, ahora vamos a liquidar este asunto de una vez por todas, hasta cuándo nos vas a estar ocupando una cama, che. Contá despacito, uno, dos, tres. Así va bien, vos seguí contando y dentro de una semana estás comiendo un bife jugoso en casa. Un cuarto de hora a gatas, nena, y vuelta a coser. Había que verle la cara a De Luisi, uno no se acostumbra nunca del todo a estas cosas. Mirá, aproveché para pedirle a Suárez que te relevaran como vos querías.

le dije que estás muy cansada con un caso tan grave; a lo mejor te pasan al segundo piso si vos también le hablás. Está bien, hacé como quieras, tanto quejarte la otra noche y ahora te sale la samaritana. No te enojés conmigo, lo hice por vos. Sí, claro que lo hizo por mí pero perdió el tiempo, me voy a quedar con él esta noche y todas las noches. Empezó a despertarse a las ocho y media, los padres se fueron en seguida porque era mejor que no los viera con la cara que tenían los pobres, y cuando llegó el doctor Suárez me preguntó en voz baja si quería que me relevara María Luisa, pero le hice una seña de que me quedaba y se fue. María Luisa me acompañó un rato porque tuvimos que sujetarlo y calmarlo, después se tranquilizó de golpe y casi no tuvo vómitos; está tan débil que se volvió a dormir sin quejarse mucho hasta las diez. Son las palomas, vas a ver, mamá, ya están arrullando como todas las mañanas, no sé por qué no las echan, que se vuelen a otro árbol. Dame la mano, mamá, tengo tanto frío. Ah, entonces estuve soñando, me parecía que ya era de mañana y que estaban las palomas. Perdóneme, la confundí con mamá. Otra vez desviaba la mirada, se volvía a su encono, otra vez me echaba a mí toda la culpa. Lo atendí como si no me diera cuenta de que seguía enojado, me senté junto a él y le mojé los labios con hielo. Cuando me miró, después que le puse agua colonia en las manos y la frente, me acerqué más y le sonreí. "Llamáme Cora", le dije. "Yo sé que no nos entendimos al principio, pero vamos a ser tan buenos amigos, Pablo." Me miraba callado. "Decíme: Sí, Cora." Me miraba, siempre. "Señorita Cora", dijo después, y cerró los ojos. "No, Pablo, no", le pedí, besándolo en la mejilla, muy cerca de la boca. "Yo voy a ser Cora para vos, solamente para vos." Tuve que echarme atrás, pero lo mismo me salpicó la cara. Lo sequé, le sostuve la cabeza para que se enjuagara la boca, lo volví a besar hablándole al oído. "Discúlpeme", dijo con un hilo de voz, "no lo pude contener". Le dije que no fuera tonto, que para eso estaba yo cuidándolo, que vomitara todo lo que

40

quisiera para aliviarse. "Me gustaría que viniera mamá", me dijo, mirando a otro lado con los ojos vacíos. Todavía le acaricié un poco el pelo, le arreglé las frazadas esperando que me dijera algo, pero estaba muy lejos y sentí que lo hacía sufrir todavía más si me quedaba. En la puerta me volví y esperé; tenía los ojos muy abiertos, fijos en el cielo raso. "Pablito", le dije. "Por favor, Pablito. Por favor, querido." Volví hasta la cama, me agaché para besarlo; olía a frío, detrás del agua colonia estaba el vómito, la anestesia. Si me quedo un segundo más me pongo a llorar delante de él, por él. Lo besé otra vez y salí corriendo, bajé a buscar a la madre y a María Luisa; no quería volver mientras la madre estuviera allí, por lo menos esa noche no quería volver y después sabía demasiado bien que no tendría ninguna necesidad de volver a ese cuarto, que Marcial y María Luisa se ocuparían de todo hasta que el cuarto quedara otra vez libre.

Óscar Cerruto

El
Círculo

B O L I V I A

Ó SCAR CERRUTO nació en La Paz, en 1912, y falleció en la misma ciudad el año 1981. Poeta, narrador, ensayista, periodista y diplomático, su obra es considerada renovadora tanto en relato como en poesía. Inició su actividad literaria con la publicación de la novela *Aluvión de fuego* (1935), celebrada en su momento por la crítica hispanoamericana. En 1957 aparece su primer libro de poesía. *Cifra de las rosas*, y en 1958 dos nuevas obras: *Cerco de penumbras* (cuentos) y *Patria de sal cautiva* (poemas). Su obra literaria se acrecienta con los poemarios *Estrella segregada* (1973) y *Reverso de la transparencia* (1975). Su obra poética completa se publicó en 1978, bajo el título *Cántico traspasado*.

C *uando leí por primera vez "El círculo" suyo,*
tuve la impresión de que de niño ya me habían narrado
esta historia, con algunas variantes.
—Es muy probable que el tema de "El círculo"
pertenezca al folklore oral boliviano
y que yo lo hubiese conocido
también en mi infancia.
Si así fue, quedó almacenado en el subconsciente.
Gran parte de la literatura se surte de ese material nebuloso.
No hace mucho vi una película japonesa;
se llamaba "La cabellera negra" e incluía tres cuentos.
En el primero, que daba nombre a la película,
vi sorpresivamente al asunto de "El círculo" llevado al cine,
con muy pocas variantes; en una de ellas,
el personaje duerme con la mujer y,
al despertarse por la mañana,
se encuentra tendido junto a un cadáver momificado,
por cuya hermosa cabellera negra identifica a su amante.
Ya ve usted que la trama pertenece
también al folklore oral japonés,
de donde con seguridad la tomó el autor del guión,
y de ese modo viene a ser universal,

como explica muy bien Frazer en esa monumental investigación de la magia y los mitos que es *La rama dorada*.

Extracto de la entrevista
realizada por Alfonso Gumucio Dagrón,
publicada en su libro Provocaciones,
La Paz: Los Amigos del Libro, 1976.

EL CÍRCULO

LA CALLE estaba oscura y fría. Un aire viejo, difícil de respirar y como endurecido en su quietud, lo golpeó en la cara. Sus pasos resonaron en la noche estancada del pasaje. Vicente se levantó el cuello del abrigo, tiritó involuntariamente. Parecía que todo el frío de la ciudad se hubiese concentrado en esa cortada angosta, de piso desigual, un frío de tumba, compacto.

"Claro —se dijo y sus dientes castañeteaban—, vengo de otros climas. Esto ya no es para mí."

Se detuvo ante una puerta. Sí, ésa era la casa. Miró la ventana, antes de llamar, la única ventana por la que se filtraban débiles hilos de luz. Lo demás era un bloque informe de sombra.

En el pequeño espacio de tiempo que medió entre el ademán de alzar la mano y tocar la puerta, cruzó por su cerebro el recuerdo entero de la mujer a quien venía a buscar, su vida con ella, su felicidad, truncada brutalmente por la partida sin anuncio. Se había conducido como un miserable, lo reconocía. Su partida fue casi una fuga. ¿Pero pudo proceder de otro modo? Un huésped desconocido batía ya entonces entre los dos su ala sombría, y ese huésped era la demencia amorosa. Hincada la garra en la entraña de Elvira, torturábala con desvaríos de sangre. Muchas veces él vio brillar determinaciones terribles en sus ojos, y los labios, dulces para el beso, despedían llamas y pronunciaban palabras de muerte, detrás de las cuales percibíase la resolución que no engaña. Cualquier demora suya, cualquier breve ausencia sin aviso, obligado por sus deberes, por el reclamo inexcusable de sus amigos, provocaba explosiones de celos. La encontraba desgarrada, temblando en su nerviosidad, pálida. Ni sus preguntas obtenían respuesta ni sus explicaciones lograban romper el mutismo duro, impregnado de rencor, en que Elvira mordía su violencia. Y de pronto estallaba en injurias y gritos, la cabellera al aire, loca de cólera y amargos resentimientos.

Llegó a pesarle ese amor como una esclavitud. Pero eran cadenas que su voluntad no iba a romper. La turbulencia es un opio, a veces, que paraliza el ánimo y lo encoge. Vivía Vicente refugiado en su temor, sabiendo, al propio tiempo, lo mismo que el guardián de laboratorio, que sólo de él dependía despertar el nudo de serpientes confiado a su custodia. Y la amaba, además. ¿Cómo soportar, si no como una enfermedad del ser querido, ese flagelo que corroía su dicha, ese concubinato con la desventura? La vida se encargaría de curarla, el tiempo, que trae todas las soluciones.

Fue la vida la que cortó de un tajo imprevisto los lazos aflictivos. Un día recibió orden de partir. Pensó en la explicación y la despedida, y su valor flaqueó. Engañándose a sí mismo, se prometió un retorno próximo, se prometió escribirle. Y habían transcurrido dos años. Casi consiguió olvidarla, ¿pero la había olvidado? Regresó a la ciudad con el espíritu ligero, conoció otras mujeres en su ausencia, se creía liberado. Y, apenas había dejado su valija, estaba aquí, llamando a la puerta de Elvira, como antes.

La puerta se abrió sin ruido, empujada por una mano cautelosa, y una voz —la voz de Elvira— preguntó:

—¿Eres tú, Vicente?

—¡Elvira! —susurró él, apenas, ahogada el habla por la emoción y la sorpresa.— ¿Cómo sabías que era yo? ¿Pudiste verme, acaso, en la oscuridad, a través de las cortinas?

—Te esperaba.

Lo atrajo hacia adentro y cerró.

—¡Es que no puede ser! Tuve el tiempo escaso para dejar mi equipaje y venir volando hasta acá. ¿Cómo podías saberlo? No lo sabía nadie.

Ella callaba, grave, parsimoniosa. Estaba pálida, más pálida que nunca, pensó Vicente. Lumbres de fiebre encendían sus ojos arrasados por el desconsuelo. Como él había imaginado, con lacerante lástima, cada vez que pensaba en ella.

—La soledad enseña tantas cosas —dijo—. Siéntate.

Él ya se había sentado, con el abrigo puesto.

—Hace tanto frío aquí como afuera. ¿Por qué no enciendes la estufa?

—¿Para qué? Aquí siempre hace frío. Ya no lo siento.

No había cambiado. Era así, indócil, cuando la roía alguna desazón. ¿Iba a discutir con ella esa primera noche? Le tomó la mano helada y permanecieron en silencio. La habitación estaba casi en penumbra, otra de sus costumbres irritantes. Pero, en fin, no le había hecho una escena. Él esperaba una crisis, recriminaciones, lágrimas. Nada de eso hubo. Sin embargo, no estaba tranquilo: la tormenta podía estar incubándose. Debajo de esa máscara podía hallarse, acechante, el furor, más aciago y enconado por el largo abandono. Tardaba, empero, en estallar. De la figura sentada a su lado sólo le llegaba un gran silencio apacible, una serena transigencia.

Comenzó a removerse, inquieto, y de pronto se encontró haciendo lo que menos había querido, lo que se había prometido no hacer: ensarzado en una explicación minuciosa de su conducta, de las razones de su marcha subrepticia, disculpándose como un niño. A medida que hablaba, comprendía la inutilidad de ese *mea culpa* y el humillante renuncio. Mas no interrumpía su discurso, y sólo cuando advirtió que sus palabras sonaban a hueco, calló en medio de una frase, y su voz se ahogó en un tartamudeo.

49

Con la cabeza baja, sentía pasar el tiempo como una agua turbia.

—De modo —dijo ella, al cabo— que estuviste de viaje.

La miró Vicente, absorto, no sabiendo si se burlaba de él. ¡Cómo! ¿Iba a decirle ahora que lo ignoraba; que en dos años no se había enterado siquiera del curso de su existencia? ¿Qué juego era ése? Buscaba herirlo, probablemente, simulando un desinterés absoluto en lo que a él concernía, aun a costa de desmentirse. ¿No acababa de afirmar que ella lo sabía todo? ¡Bah! Se cuidó, no obstante, de decírselo; no quería dar pretexto para que se desatara la tormenta que su tacto había domesticado esta noche. Decidió responder, como al descuido:

—Sí, estuve ausente algún tiempo.

Sólo después de una pausa Elvira comentó enigmática:

—Qué importa. Para mí ya no existe el tiempo.

—Precisamente —dijo él extrayendo de su bolsillo un menudo reloj con incrustaciones de brillantes—, te he traído esto. Nos recuerda que el tiempo es una realidad.

Consideró Elvira la joya unos instantes. Sin ajustar el broche, puso el reloj en su muñeca.

—Muy bonito —elogió. —No sé si podré usarlo.

—¿Por qué no?

—Déjalo ahí, en la mesita.

"Parece enferma", pensó Vicente, mientras depositaba el reloj sobre el estuche abierto. Estaba, en efecto, delgada, delgada y exangüe. Pero no se atrevió a interrogarla.

Estalló un trueno, lejos, en las profundidades de la noche. La lluvia gemía en los vidrios de la ventana. Un viento desasosegado arrastraba su caudal de rencor por las calles, sobre los techos.

—Bésame —le pidió ella.

La besó largamente, estrechándola en sus brazos. El viejo amor renacía en un nuevo imperio, y era como tocar la raíz del recuerdo, como recuperar el racimo de días ya caídos. Refugiada en su abrazo, parecía la hija del metálico invierno, un trozo desprendido de la noche.

—Tienes que irte, Vicente. —Se puso de pie.

—Volveré mañana.

—Sí.

—Vendré temprano. No nos separaremos más. Te prometo…

—No prometas nada. Estoy segura. El pacto está sellado, vete.

La lluvia azotaba la calle con salvajes ramalazos de furia.

"¡Maldito tiempo!", rezongó Vicente, calado antes de haber dado diez pasos. "A ver si ahora no encuentro un taxi."

Somos prisioneros del círculo. Uno cree haberse evadido del tenaz acero y camina, suelto al fin, un poco extraño en su albedrío, y siente que lo hace como en el aire. Le falta un asidero, el suelo de todos los días. Y el asidero es, de nuevo, la clausura.

Vicente atraviesa calles y plazas. Hay un ser que se desplaza de él y lo aventaja, apresurado, con largas zancadas varoniles, ganoso del encuentro. Mientras otro, en él, se resiste, retardando su marcha, moroso y renuente. Él mismo va siguiendo al primero, contra su voluntad. ¿Pero sabe siquiera cuál es su voluntad? ¿Lo supo nunca? Creyó, un momento, que era el saberse libre. Ya libre, su libertad le pesaba como un inútil fardo. ¿Qué había logrado, si su pensamiento era Elvira, si su reiteración, sus vigilias se llamaban Elvira? Su contienda (los dos atroces años debatiéndose en un litigio torturado) ¿no tenía también ese nombre? Lúcido, con una lucidez no alterada, percibía, curiosamente, la naturaleza del discorde sentimiento, que no se parecía al amor ni era el anhelo de la carnal presencia de Elvira, sino una penosa ansia, la atracción lancinante de una alma.

La secreta corriente lo lleva por ese trayecto tantas veces recorrido. Vicente se deja llevar. Discurre los antiguos lugares, los saluda,

51

ahora, a la luz del sol; entra en la calleja familiar, luego de haber dejado atrás, a medio cumplir, sus afanes.

Llama a la puerta. Un perro que pasa se detiene a mirarlo un instante, después sigue trotando, sin prisa, calle abajo.

Vuelve a llamar y espera el eco del campanillazo. Nada oye; el timbre, sin duda, no funciona. Toca entonces con los nudillos, en seguida más fuerte. Ninguna respuesta. Elvira ha debido salir. ¿Pero no queda nadie en la casa? Retrocede hasta el centro de la calzada para mirar el frente del edificio. Observa que las celosías están corridas, los vidrios sin limpieza. Se diría una casa abandonada. ¡Qué raro era todo esto!

Una vecina se había asomado. Lo examinaba desde la puerta de su casa, la escoba en la mano. Vicente soportó el escrutinio sin darse por enterado. "Bruja curiosa", gruñó. La vieja avanzó por la acera.

—¿Busca a alguien, señor? —preguntó.

—Sí, señora —respondió de mala gana. —Busco a la señorita Elvira Evangelio.

La mujer tornó a examinarlo, acuciosa.

—¿No sabe usted que ha muerto hace tres meses, señor? La casa está vacía.

Vicente se encaró con la entremetida. Esbozó una sonrisa.

—Por suerte —dijo—, la persona a quien busco vive, y vive aquí.

—¿No pregunta usted, acaso, por la señorita Evangelio?

—Así es, señora.

—Pues la señorita Evangelio ha muerto y fue enterrada cristianamente. La casa ha sido cerrada por el juez, ya que la difunta no parecía tener parientes.

¿Estaría en sus cabales esa anciana? Vicente la midió con desconfianza. En cualquier caso. era una chiflada inofensiva; seguiría probando.

—Soy el novio de Elvira, señora. Estuve ausente y he vuelto ayer,

52

para casarme con ella. La visité anoche, conversamos un buen rato. ¿Cómo puede decir que ha muerto?

La mujer lo contemplaba ahora con espanto, dando pequeños gritos de desconcierto. Llamó en su auxilio a un señor de aspecto fúnebre, con trazas de funcionario jubilado, que había salido a regar sus plantas en la casa de enfrente, y a quien Vicente recordaba haber visto en la misma faena alguna vez. El hombre se acercó sin dar muestras de apresuramiento.

—¿Oye usted lo que dice este señor, don Cesáreo? Que anoche estuvo en esta casa... con la señorita Elvira... visitándola. ¡Hablando con ella!

Los ojos del jubilado se clavaron hoscos, en Vicente, unos segundos: no lo encontró digno de dirigirle siquiera la palabra. Dio a comprender, con su actitud, que juzgaba con severidad a los jóvenes inclinados a la bebida y, volviéndole la espalda, se retiró farfullando entre dientes.

Vicente decidió marcharse. O toda esa gente estaba loca o padecía una confusión grotesca. ¡Par de zopencos! Después de todo, tenía un viso cómico el asunto. Se reiría Elvira al saberlo.

Por la noche la casa estaba toda oscura. Llamó en vano. Sus golpes resonaban profundamente en la calma nocturna. Sus propios golpes lo pusieron nervioso. Comenzó a traspirar, advirtió que tenía la frente humedecida. Un tanto alarmado ya, corriendo sin reparo por las calles silenciosas, hasta encontrar un vehículo, acudió a interrogar a algunos amigos. Todos le confirmaron que Elvira había muerto. No se aventuró a referirles su extraña experiencia; temía que lo tomaran a risa. Peor aún: temía que le creyeran.

Hay una zona de la conciencia que se toca con el sueño, o con mundos parecidos al sueño. Creía estar pisando esa zona, esa linde a la que los vapores azules del alcohol nos aproximan. Y con la

53

misma dificultad del ebrio o del delirante, su espíritu luchaba por discernir la realidad.

Cuando el juez, accediendo a su demanda, abrió la casa de la muerta, Vicente descubrió, sobre la mesita de la sala, el pequeño reloj con incrustaciones de brillantes, en el estuche abierto.

Murilo Rubião

EL
BLOQUEO

BRASIL

MURILO RUBIÃO, narrador y periodista brasileño. Como él mismo confesara en alguna oportunidad, "nací en Silvestre Ferraz —en 1916, agregamos nosotros—, que antes fuera Nuestra Señora del Carmen del Río Verde y hoy se llama Carmen de Minas. Allá viví entre libros, con abuelo, padre, tío y primos escribiendo. El mejor de todos ellos, Godofredo Rangel, me enseñaría más tarde algunos trucos literarios, mientras mi padre me obligaba a leer los clásicos. Mis estudios a partir del segundo año de primaria fueron realizados en Belo Horizonte, donde se dio mi formación intelectual. En 1942 me recibí de abogado. Seguí la carrera burocrática en Minas Gerais, con un intervalo de cuatro años sirviendo al Brasil en España. Luego pasé a ejercer como Director de Publicaciones y Divulgación de la Imprenta Oficial, donde lo mejor que hice fue fundar el Suplemento Literario de Minas Gerais". Toda su obra literaria la dedicó al cuento. Rubião falleció en 1991 y dejó publicados los siguientes volúmenes: *O ex-mágico* (1947); *A estrela vermelha* (1953); *Os dragões e outros contos* (1965); *O pirotécnico Zacarias* (1974); *O convidado* (1974) y *A casa do girassol vermelho* (1978).

Cómo nace un cuento de Murilo Rubião?
—Surge de repente. Desde ese momento
empiezo a pensar en el cuento. De esa manera,
cuando llego al final ya no tengo nada que ver
con el gatillo que detonó la historia.
Yo me voy encariñando con el cuento,
pero, después, ya completamente frío,
no dejo de verificar aquello que es solamente emoción
y separarlo de lo que puede figurar en la historia.

—*¿Y lo cotidiano entra en esa creación?*
—Lo cotidiano tiene una participación muy importante
porque uno parte de ello y comienza a reelaborarlo,
transformándolo en una nueva realidad,
sacando la esencia de lo cotidiano.

—*¿Cuánto tiempo le toma concluir un cuento?*
—A veces viene una idea y tardo muchos años en concluir un cuento.
"El convidado", por ejemplo,
me tomó 26 años terminarlo, escribir toda la historia.

—*¿Escribe con frecuencia?*
—Lo hago. Muchas veces paso temporadas
sin sentarme a la mesa a escribir.
Sin embargo, pese a ello, siempre estoy trabajando.
Lo más importante en mi vida es escribir.

Extracto de la entrevista publicada en el libro:
O homem do boné cinzento e outras histórias,
de Murilo Rubião, Sao Paulo:
Editora Ática, Serie Rosa dos Ventos, 1990.

EL BLOQUEO

Próximo está a llegar éste su tiempo,
y sus días no están remotos.

ISAÍAS, XIV, 1

AL TERCER DÍA de haber dormido en el pequeño departamento de un edificio recién terminado, oyó los primeros ruidos. Normalmente tenía el sueño pesado y aun después de despertarse le tomaba tiempo integrarse al nuevo día, confundiendo pedazos de sueño con fragmentos de la realidad. No dio importancia, de inmediato, a la vibración de los vidrios, atribuyéndola a una pesadilla. La oscuridad del aposento contribuía a fortalecer esa frágil certeza. El barullo era intenso. Venía de los pisos superiores y se parecía a los producidos por las palas de demolición. Encendió la luz y consultó el reloj: las tres. Le pareció raro. Las normas del condominio no permitían un trabajo de esa naturaleza en plena madrugada. Pero la máquina proseguía su impiedosa tarea, los sonidos aumentaban, y crecía la irritación de Gerión contra la compañía inmobiliaria que le garantizara una excelente administración. De repente los ruidos cesaron.

Se durmió nuevamente y soñó que estaba siendo aserrado a la altura del tórax. Se despertó presa del pánico: una poderosa sierra ejercitaba sus dientes en los pisos de arriba, cortando material de gran resistencia, que se pulverizaba al desintegrarse.

Oía a intervalos explosiones secas, el movimiento de una nerviosa demoledora, el martillar acompasado de un mazo sobre los postes. ¿Estarían construyendo o destruyendo?

Del temor a la curiosidad, titubeó entre averiguar lo que estaba

59

pasando o juntar los objetos de mayor valor y marcharse antes de la destrucción final. Prefirió correr el riesgo en vez de volver a su casa, que abandonara, de prisa, por motivos de orden familiar. Se vistió, a través del oscilante ventanal, miró la calle, la mañana soleada, pensando si aún vería otras.

Apenas abrió la puerta, le llegó al oído el machacar de varias brocas y poco después estallidos de cabos de acero que se rompían, el ascensor precipitándose a trompicones por el pozo hasta reventar allá abajo con una violencia que hizo temblar al edificio entero.

Retrocedió despavorido, trancándose en el departamento, con el corazón latiéndole desordenadamente —Es el fin, pensó—. Mientras tanto, el silencio casi se recompuso, oyéndose apenas a lo lejos estallidos intermitentes, el lijar irritante de metales y concreto.

Por la tarde, la calma volvió al edificio, dándole coraje a Gerión para acercarse a la terraza a averiguar la magnitud de los estragos. Se encontró a cielo abierto. Cuatro pisos habían desaparecido, como si hubieran sido cortados meticulosamente, limadas las puntas de las vigas, aserrados los maderos, trituradas las lajas. Todo reducido a fino polvo amontonado en los rincones.

No veía rastros de las máquinas. Tal vez ya estuvieran distantes, transferidas a otra construcción, concluyó aliviado.

Descendía tranquilo las escaleras, silbando una melodía de moda, cuando sufrió el impacto de la decepción: toda la gama de ruidos que había escuchado durante el día le llegaba de los pisos inferiores.

2

Telefoneó a la portería. Tenía pocas esperanzas de recibir explicaciones satisfactorias sobre lo que estaba ocurriendo. El propio portero lo atendió:

—Obras de rutina. Le pedimos disculpas, principalmente por ser usted nuestro único inquilino. Hasta ahora, claro.

—¿Qué rayos de rutina es esa de arrasar con el edificio?

—Dentro de tres días todo se acabará —dijo, colgando el fono.

—Todo acabado. Bolas. —Se encaminó hacia la diminuta cocina ocupada, en buena parte, por latas vacías. Preparó sin entusiasmo la comida, harto de enlatados.

¿Sobreviviría a las latas?— Miraba melancólico la reserva de alimentos, hecha para durar una semana.

Sonó el teléfono. Soltó el plato, intrigado con la llamada. Nadie conocía su nueva dirección. Se había inscrito en la Compañía de Teléfonos y había alquilado el departamento con nombre falso. Seguramente sería una llamada equivocada.

Era su mujer, lo que aumentó su desánimo.

—¿Cómo me descubriste? —Oyó una risita al otro lado de la línea. (La gorda debía estar comiendo bombones. Tenía siempre algunos al alcance de la mano.)

—¿Por qué nos abandonaste, Gerión? Regresa a casa. No sobrevivirás sin mi dinero. ¿Quién te dará un empleo? (A esas alturas Margarerbe ya estaría lamiéndose los dedos embarrados de chocolate o limpiándoselos en la bata estampada de rojo, su color predilecto. La puerca.)

—Vete al diablo. Tú, tu dinero, tu gordura.

61

3

Se había desligado momentáneamente de los ruidos, inmerso en la desesperanza.

Buscó en el bolsillo un cigarrillo y verificó con desagrado que tenía pocos. Se le había olvidado aprovisionarse de más paquetes. Mentó la madre.

Con la mano sobre el fono colgado, Gerión hizo una mueca al oír nuevamente el sonido de la campanilla.

—¿Papá?

Se le dibujó una sonrisa triste:

—Hijita.

—Podrías regresar y leerme ese libro del caballo verde.

La parte aprendida de memoria terminaba y Seatéia comenzaba a tartamudear:

—Papi... Nos gustaría que vinieras, pero sé que no quieres... No vengas, si ahí estás mejor...

La comunicación fue interrumpida bruscamente. Desde el comienzo lo había sospechado y luego se convenció de que su hija había sido obligada a llamarlo, en un intento de explotarlo emocionalmente. En esos instantes estaría siendo golpeada por no haber seguido las instrucciones de la madre al pie de la letra.

Asqueado, lamentaba el fracaso de su fuga. Volvería a compartir el mismo lecho con su esposa, encogido, el cuerpo de ella ocupando dos tercios de la cama. El ronquido, los gases.

Pero no podría permitir que el odio de Margarerbe fuera transferido a Seatéia. Ella recurriría a todas las formas de tortura para vengarse de él, a través de su hija.

4

62 Los ruidos habían perdido su fuerza inicial. Disminuían, cesaron por completo.

5

Gerión descendía la escalera indeciso en cuanto a la necesidad del sacrificio.

Ocho pisos abajo, la escalera terminó abruptamente. Transido de miedo, con un pie suspendido en el aire, retrocedió, cayéndose hacia atrás. Sudaba, las piernas le temblaban.

No conseguía levantarse, estaba como pegado al escalón.

Tardó en recuperarse. Pasado el vértigo, vio abajo el terreno limpio, como si nunca hubiera habido allí una construcción. Ninguna señal de maderos, pedazos de fierro, ladrillos, apenas el fino polvo amontonado a los lados del terreno.

Regresó al departamento aún bajo la conmoción del susto. Se dejó caer en el sofá. Impedido de regresar a casa, experimentó el gusto de la plena soledad. Conocía su egoísmo, desentendiéndose de los problemas futuros de su hija. Tal vez la quería por la obligación natural que tienen los padres de amar a sus hijos.

¿Había querido a alguien?— Desvió el curso de su pensamiento, cómoda fórmula para escapar a la vigilancia de la conciencia.

Aguardaba paciente una nueva llamada de su mujer y, esperándola, surgió en sus ojos un sádico placer. Hacía tiempo que venía aguardando esa oportunidad, que le permitiera devolver con dureza las humillaciones acumuladas y vengarse de la permanente sumisión a la que era sometido por los caprichos de Margarerbe, llamándolo a toda hora y delante de los sirvientes; parásito, incapaz.

Escogería bien sus adjetivos. No llegó a usarlos: una corriente luminosa destruyó el alambre telefónico. En el aire flotó durante unos segundos una polvareda de colores. Se cerraba el bloqueo.

6

Después de algunas horas de absoluto silencio, ella volvía: ruidosa, mansa, sorda, suave, estridente, monocorde, disonante, polifónica, rítmica, melodiosa, casi musical. Se meció en un vals bailado hacía varios años. Sonidos ásperos espantaron la imagen venida de su adolescencia, superpuesta luego por la de Margarerbe, que él mismo ahuyentó.

Se despertó avanzada la noche con un terrible grito que resonaba por los corredores del edificio. Permaneció inmóvil en la cama, en agónica espera: ¿emitiría la máquina voces humanas?— Prefirió creer que había soñado, pues lo único real era el barullo monótono de una excavadora que funcionaba en los pisos cercanos.

Más tranquilo, analizaba los acontecimientos de los días anteriores, concluyendo que, por lo menos, los ruidos venían espaciados y que el aserrar de fierros y madera ya no le herían los nervios. Caprichosos e irregulares, cambiaban rápidamente de un piso a otro, desorientando a Gerión en cuanto a los objetivos de la máquina. —¿Por qué una y no varias, ejecutando funciones diversas y autónomas, como inicialmente creyó?— La certeza de su unidad había calado hondo en él sin aparente explicación pero de manera irreductible. Sí, única y múltiple en su acción.

7

Los ruidos se aproximaban. Adquirían suavidad y constancia haciéndole pensar que pronto llenarían el departamento.

Se acercaba el momento crucial y le costaba contener el impulso de ir al encuentro de la máquina que había perdido mucho de su antiguo rigor o realizaba su trabajo con deliberada morosidad, perfeccionando la obra, para gozar poco a poco de los instantes finales de la destrucción.

64   A la vez del deseo de enfrentarla, descubrir los secretos que la hacían tan poderosa, tenía miedo del encuentro. Se enredaba entretanto en su fascinación, afinando el oído para captar los sonidos que, en aquella hora, se agrupaban en escala cromática en el corredor, mientras en la sala penetraban los primeros rayos de luz.

Sin poder resistir la expectativa, abrió la puerta. Hubo una súbita ruptura en la escala de los ruidos y escuchó aún el eco de los estallidos que desaparecieron aceleradamente por la escalera. En los rincones de la pared comenzaba a acumularse un polvo ceniciento y fino.

Repitió la experiencia, pero la máquina persistía en esconderse, sin que él supiera si por simple pudor o porque aún era temprano para mostrarse, desnudando su misterio.

El ir y venir de la destructora, sus constantes fugas, redoblaban la curiosidad de Gerión que no soportaba la espera, el temor de que ella tardase en aniquilarlo o que jamás lo destruyese.

Por las grietas seguían entrando las luces de colores, formando y deshaciendo en el aire un continuo arco iris: ¿tendría tiempo de contemplarla en la plenitud de sus colores?

Cerró la puerta con llave.

Gabriel García Márquez

Un día
de Éstos

COLOMBIA

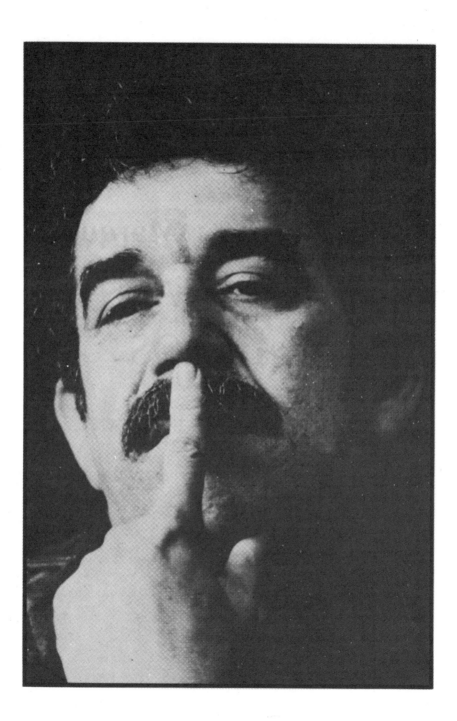

GABRIEL GARCÍA MÁRQUEZ, nace el 6 de marzo de 1928 en Aracataca. Allí, en casa de sus abuelos, donde vive hasta los ocho años la abuela lo entretenía contándole cuentos sobre la gente de Aracataca y sus leyendas. Estos años son muy importantes para García Márquez. De esas historias que le contaron sus abuelos hablará después en casi todos sus cuentos y novelas.

En 1947 ingresa a la universidad para estudiar Derecho y publica su primer cuento "La tercera resignación". En 1948 publica su primera novela *La hojarasca*. En París, publica *El coronel no tiene quien le escriba*. Entre 1959 y 1960 funda y trabaja para el periódico *Prensa Latina*. En 1976 publica en México su famosa novela *Cien años de soledad*, que gana el Premio Chianciano en Italia y se clasifica como el mejor libro extranjero en Francia. Entre 1967 y 1975 publica la colección de cuentos cortos *La increíble y triste historia de la cándida Eréndira y de su abuela desalmada* y *El otoño del patriarca*. En 1975 vuelve a México, y en 1981 publica *Crónica de una muerte anunciada*. En 1982 gana el Premio Nóbel de literatura. En 1985 publica *El amor en los tiempos del cólera* y en 1988 *El general en su laberinto*.

Has dicho que escribir es un placer. También has dicho que es un sufrimiento. ¿En qué quedamos?
—Las dos cosas son ciertas.
Cuando estaba comenzando, cuando estaba descubriendo el oficio, era un acto alborozado, casi irresponsable.
En aquella época, recuerdo, después de que terminaba mi trabajo en el periódico, hacia las dos o tres de la madrugada, era capaz de escribir cuatro, cinco hasta diez páginas de un libro.
Alguna vez, de una sola sentada, escribí un cuento.
Ahora me considero un afortunado
si puedo escribir un buen párrafo en una jornada.
Con el tiempo el acto de escribir se ha vuelto un sufrimiento.

—*¿Tomas notas?*
—Nunca, salvo apuntes de trabajo.

Sé por experiencia que cuando se toman notas
uno termina pensando para las notas y no para el libro.
Cuando era joven, escribía de un tirón, sacaba copias, volvía a corregir.
Ahora voy corrigiendo línea por línea a medida que escribo,
de suerte que al terminar la jornada tengo una hoja impecable,
sin manchas ni tachaduras, casi lista para llevar al editor.

—*Detestas la fantasía... ¿por qué?*
—Porque creo que la imaginación no es sino un instrumento
de elaboración de la realidad.
Pero la fuente de creación al fin y al cabo es siempre la realidad.
Y la fantasía, o sea la invención pura y simple, a lo Walt Disney,
sin ningún asidero en la realidad, es lo más detestable que pueda haber.
Recuerdo que alguna vez, interesado en escribir un libro
de cuentos infantiles, te mandé como prueba "El mar del tiempo perdido".
Con la franqueza de siempre, me dijiste que no te gustaba,
y creías que era por una limitación tuya:
la fantasía no te decía nada.
Pero el argumento me resultó demoledor
porque tampoco a los niños les gusta la fantasía.
Lo que les gusta, por supuesto, es la imaginación.
La diferencia que hay entre la una y la otra es la misma
que hay entre un ser humano y el muñeco de un ventrílocuo.

—*¿Qué es para ti la inspiración?*
—Yo no la concibo como un estado de gracia
ni como un soplo divino,
sino como una reconciliación con el tema
a fuerza de tenacidad y dominio.

70

Extractos de la entrevista realizada por Plinio Apuleyo Mendoza,
publicada en su libro El olor de la guayaba, *Bogotá: Oveja Negra, 1982.*

Un Día de Éstos

EL LUNES amaneció tibio y sin lluvia. Don Aurelio Escovar, dentista sin título y buen madrugador, abrió su gabinete a las seis. Sacó de la vidriera una dentadura postiza montada aún en el molde de yeso y puso sobre la mesa un puñado de instrumentos que ordenó de mayor a menor, como en una exposición. Llevaba una camisa a rayas, sin cuello, cerrada arriba con un botón dorado, y los pantalones sostenidos con cargadores elásticos. Era rígido, enjuto, con una mirada que raras veces correspondía a la situación, como la mirada de los sordos.

Cuando tuvo las cosas dispuestas sobre la mesa rodó la fresa hacia el sillón de resortes y se sentó a pulir la dentadura postiza. Parecía no pensar en lo que hacía, pero trabajaba con obstinación, pedaleando en la fresa incluso cuando no se servía de ella.

Después de las ocho hizo una pausa para mirar el cielo por la ventana y vio dos gallinazos pensativos que se secaban al sol en el caballete de la casa vecina. Siguió trabajando con la idea de que antes del almuerzo volvería a llover. La voz destemplada de su hijo de once años lo sacó de su abstracción.

—Papá.

—Qué.

—Dice el alcalde que si le sacas una muela.

—Dile que no estoy aquí.

Estaba puliendo un diente de oro. Lo retiró a la distancia del brazo y lo examinó con los ojos a medio cerrar. En la salita de espera volvió a gritar su hijo.

—Dice que sí estás porque te está oyendo.

El dentista siguió examinando el diente. Sólo cuando lo puso en la mesa con los trabajos terminados, dijo:

—Mejor.

Volvió a operar la fresa. De una cajita de cartón donde guardaba las cosas por hacer, sacó un puente de varias piezas y empezó a pulir el oro.

—Papá.

—Qué.

Aún no había cambiado de expresión.

—Dice que si no le sacas la muela te pega un tiro.

Sin apresurarse, con un movimiento extremadamente tranquilo, dejó de pedalear en la fresa, la retiró del sillón y abrió por completo la gaveta inferior de la mesa. Allí estaba el revólver.

—Bueno —dijo—. Dile que venga a pegármelo.

Hizo girar el sillón hasta quedar de frente a la puerta, la mano apoyada en el borde de la gaveta. El alcalde apareció en el umbral. Se había afeitado la mejilla izquierda, pero en la otra, hinchada y dolorida, tenía una barba de cinco días. El dentista vio en sus ojos marchitos muchas noches de desesperación. Cerró la gaveta con la punta de los dedos y dijo suavemente:

—Siéntese.

—Buenos días —dijo el alcalde.

—Buenos —dijo el dentista.

Mientras hervían los instrumentales, el alcalde apoyó el cráneo en el cabezal de la silla y se sintió mejor. Respiraba un olor glacial. Era un gabinete pobre: una vieja silla de madera, la fresa de pedal y una vidriera con pomos de loza. Frente a la silla, una ventana con un cancel de tela hasta la altura de un hombre. Cuando sintió que el dentista se acercaba, el alcalde afirmó los talones y abrió la boca.

Don Aurelio Escovar le movió la cara hacia la luz. Después de observar la muela dañada, ajustó la mandíbula con una cautelosa presión de los dedos.

—Tiene que ser sin anestesia —dijo.

—¿Por qué?

—Porque tiene un absceso.

El alcalde lo miró en los ojos.

—Está bien —dijo, y trató de sonreír. El dentista no le correspondió. Llevó a la mesa de trabajo la cacerola con los instrumentos hervidos y los sacó del agua con unas pinzas frías, todavía sin apresurarse. Después rodó la escupidera con la punta del zapato y fue a lavarse las manos en el aguamanil. Hizo todo sin mirar al alcalde. Pero el alcalde no lo perdió de vista.

Era una cordal inferior. El dentista abrió las piernas y apretó la muela con el gatillo caliente. El alcalde se agarró a las barras de la silla, descargó toda su fuerza en los pies y sintió un vacío helado en los riñones, pero no soltó un suspiro. El dentista sólo movió la muñeca. Sin rencor, más bien con una amarga ternura, dijo:

—Aquí nos paga veinte muertos, teniente.

El alcalde sintió un crujido de huesos en la mandíbula y sus ojos se llenaron de lágrimas. Pero no suspiró hasta que no sintió salir la muela. Entonces la vio a través de las lágrimas. Le pareció tan extraña a su dolor, que no pudo entender la tortura de sus cinco noches anteriores. Inclinado sobre la escupidera, sudoroso, jadeante, se desabotonó la guerrera y buscó a tientas el pañuelo en el bolsillo del pantalón. El dentista le dio un trapo limpio.

—Séquese las lágrimas —dijo.

El alcalde lo hizo. Estaba temblando. Mientras el dentista se lavaba las manos, vio el cielorraso desfondado y una telaraña polvorienta con huevos de araña e insectos muertos. El dentista regresó secándose las manos. "Acuéstese —dijo— y haga buches de agua de sal." El alcalde se puso de pie, se despidió con un displicente saludo militar, y se dirigió a la puerta estirando las piernas, sin abotonarse la guerrera.

—Me pasa la cuenta —dijo.

—¿A usted o al municipio?

El alcalde no lo miró. Cerró la puerta, y dijo, a través de la red metálica.

—Es la misma vaina.

74

Rodrigo Soto

UNO EN LA LLOVIZNA

COSTA RICA

RODRIGO SOTO nació en San José, Costa Rica, en 1962. Realizó estudios de filosofía y filología en su país natal. Prontamente se vinculó con el campo de la producción audiovisual. Así, realizó algunos videos para el Departamento de Cine del Ministerio de Cultura de su país. En 1983 publicó *Mitomanías*, libro de relatos que obtuvo el Premio Nacional de Cuento de ese año. En 1985 sacó a luz la novela *La estrategia de la araña*. Luego apareció *Colección del sótano*, cuaderno de arte gráfico y literatura, y la antología de narrativa joven costarricense *Para no cansarlos con el cuento*.

Creo que la creación literaria es un camino
como cualquiera otro —ni mejor ni peor—
para aprender de uno mismo,
de los demás y del mundo.
Del mismo modo que los metales son un pretexto para el alquimista
(pero también el sustento de su actividad),
la creación es el pretexto de mi intento de ser humano…
Eso le dice mi corazón.
Pero a veces siento que soy un payaso
con una flor en la mano en una estación de tren.
[…] Quiero ser optimista,
lo elijo, intento serlo a toda costa:
¿con qué fuerzas vivir sino con las que nacen
de la convicción de que aún es posible mejorar las cosas?
Me parece aventurado decir
que éste es un momento crucial para la humanidad
(apostaría mi vida a que los hombres y mujeres
de cada época han sentido lo mismo).
Lo que sí puedo decir, es que estoy convencido
de que la aventura del ser humano en la Tierra apenas comienza.

*Extracto de los comentarios vertidos por
el autor para esta edición.*

Uno en la Llovizna

AQUELLA MISMA tarde le había dicho a Juan Carlos y a la Poison que pasaran a buscarme para ir donde Renato, pero ya estaban media hora tarde y seguían sin aparecer. Como si fuera poco mi tata tenía un arrebato de inspiración musicológica y llevaba horas oyendo unos tangos de sepulcro. Creo que era Gardel, veinte años no es nada, decía el animal, y yo acababa de cumplir los veinte y sentía la muerte en la acera del frente.

Iba a darle un poco más de tiempo a Juan Carlos pero no pude resistir. Tomé la chaqueta de mezclilla y cuando estaba a punto de salir mamá vino a encontrarme. Estaba alegre porque también disfrutaba de Gardel, pero yo la encontré terriblemente vieja; veinte años es mucho, mamá. Preferí mentirle que iba sólo al barrio y regresaría temprano, pero su sonrisa desapareció y entonces la vi más vieja todavía, casi una anciana, y fue tan fuerte que preferí salir sin darle explicaciones.

Aunque era temprano las calles estaban desiertas. Hubiera ido a la casa de Juan Carlos, pero él vivía en Tepeyac y la distancia desde el centro de Guadalupe era demasiada para un lunes de octubre. La Poison vivía más cerca, pero no podía ir a buscarla desde hacía unos meses, cuando le encontraron unos cannabis en su cuarto y dijo que eran míos para salvarse. No pudo ponerme sobre aviso, y cuando al día siguiente pasé por ella, su mamá salió a corretearme crucifijo en mano, amenazando con decirle todo a la policía. Aquellos eran otros tiempos, y caerse con la ley, aún por cosa de uno o dos puritos, era serio.

Caminé por las calles solitarias y humedecidas. No sé por qué me puse a tararear algo de Dylan, aquella que Jean Luc nos tradujo, la de la fuerte, fuerte lluvia que iba a caer. Me hubiera gustado un purito y seguir caminando, pero no tenía siquiera una semilla y la lluvia arreciaba.

Entré donde el Caníbal, la cantina que utilizábamos como punto de reunión. Al dueño le decíamos Caníbal por su nombre, Aníbal Núñez, un español con casi treinta años de vivir en Costa Rica. Le gustaba la gente joven y veía en nosotros el futuro de la humanidad, a menudo nos hablaba del anarquismo, la explotación y cosas por el estilo. Nosotros lo escuchábamos condescendientes y él nos dejaba fumar. Lo único grave era la música, porque el Caníbal era adicto a la zarzuela y eso era lo peor que nos podía pasar.

En el primer momento no pude distinguir a nadie. Lo único que vi fue el gran ojo enrojecido del habano que el Caníbal nunca se sacaba de la boca. Después reconocí a Jean Luc y a Remedios, la fea. Hacía meses no se aparecían y me alegró encontrarlos. Él era francés y hablaba bien el español, ella bogotana y espantosa. Iban de camino a Estados Unidos financiados por el padre de Jean Luc, un respetable comerciante parisino. No, no habían visto a Juan Carlos y también lo buscaban, les pregunté si iban a ir donde Renato y Jean Luc me respondió que sí.

Poco después llegaron Fernando y Lucy bastante borrachos y contentos, y pidieron cerveza para todos. A pesar de sus fervientes discursos anarquistas, el Caníbal era inflexible con su contabilidad, de modo que mientras Fernando rebuscaba en su bolsillo los billetes, aguardó junto a nosotros escuchando a Remedios, la fea, que en ese momento afirmaba que en Bogotá llovía mejor, con esas palabras o parecidas. Fernando y yo nos volvimos a ver horrorizados, seguros de que el Caníbal la interrumpiría para iniciar una disertación en favor de las lluvias españolas, pero en ese instante entraron, heroicos, empapados y sonrientes, Juan Carlos y la Poison.

La Poison me besó en la boca y se sentó sobre mis rodillas. Vestía una camiseta anaranjada y unos jeans que apenas comenzaban a desteñir. Juan Carlos acercó una silla y dió una larga, increíble explicación sobre su atraso. Fernando y Lucy querían otra cerveza, pero ya eran más de las ocho y la casa de Renato estaba lejos. Vivía carretera a Coronado, y de no ser porque esa noche Fernando tenía el carro, no hubiéramos podido ir. De nuestras familias, la de Fernando era la única que tenía carro, un pequeño Sumbean color caca.

Nos despedimos del Caníbal y nos embutimos en los asientos. Seguía lloviendo y debíamos viajar con las ventanillas cerradas. La Poison estaba de nuevo sobre mis regazos y eso me encantaba. Era baja y gordita, y las mechas le caían ocultándole la cara. Nos acostábamos cuando podíamos, o sea muy de vez en cuando, porque los dos vivíamos con la familia y los hoteles resultaban caros. Siempre estábamos con ganas y no dejábamos pasar un minuto sin acariciarnos. Metí la mano por debajo de su camiseta y la subí hasta topar con el sostén. Después de acariciar un rato di el siguiente paso y encontré los pezones, grandes como los conocía, morados. Ella se apretó contra mi cuerpo y sentí que una de sus manos me tocaba. Lo hacía muy bien y generalmente yo no lo soportaba mucho tiempo. Cuando la Poison comenzó a gemir (mi mano sudaba y también su pecho y estábamos tan cerca) nos hicieron algunas bromas, la Poison que era tímida dejó de acariciar, tomó mi mano y me obligó a sacarla.

Renato y sus amigos eran muchachos bien que tenían con nosotros la sencilla, y sin embargo decisiva afinidad, de fumar mota como desesperados. Eso bastaba para entendernos bastante bien, siempre y cuando ellos no se enfrascaran en una de sus enrevesadas discusiones universitarias. Casi nos decepcionó descubrir que los ricos se aburrían tanto como nosotros, con la diferencia sustancial del aderezo, pues si ellos se emborrachaban con vino o coñac, nosotros debíamos resignarnos a las humildes pero incomparables cervecitas, de las que consumíamos cantidades admirables. El celoso desprecio que nos producían aquellas barbas bien cuidadas, aquellas pieles bronceadas en playas a las que no teníamos acceso, se disipaba en el momento en que nos invitaban a una de sus fiestas. De vez en cuando hasta nos acostábamos con muchachas de ese medio, que acaloradas por las discusiones y estimuladas por los Peace and Love que iban y venían, se sentían muy libres encamándose con nosotros, aunque si luego nos veían en la calle seguían de largo sin dirigirnos la palabra.

Renato nos abrió la puerta, era evidente que había tomado y fumado mucho pero nos acompañó a servirnos el primer trago y bebió el suyo de un sorbo. La sala estaba llena y al parecer no conocíamos a nadie. Jean Luc descubrió a un tipo con cara de europeo y arrastró a Remedios hasta él. Los demás nos acercamos a un grupo en el que la gente hablaba a gritos y fumaba mucho. Sobre la mesa había platos con comida y yo, que no probaba bocado desde el almuerzo, me escabullí hasta allá. Iba a engullir el primer bocado cuando dos manos me taparon los ojos. Palpé y eran de mujer, inconfundibles, alargadas. Dije todos los nombres que me vinieron a la mente, pero respondieron sacudiéndome la cabeza. Vino el ofrecimiento de rendición y mi consiguiente respuesta afirmativa. Sentí que las manos se retiraban y me volví. Era Leda. Besos, abrazos, dónde estabas, cómo te ha ido y todo eso. Mi vecina de toda la vida, fumamos los primeros puros juntos antes que su familia cambiara de casa y perdiéramos toda comunicación. Alguien me dijo que se había hecho amante de ejecutivos y empresarios para vivir. Se veía bien, a pesar de todo. Por lo menos sabía disimular que no era cierto. Iba a preguntarle con detalle pero ella volvió los ojos indicándome

81

que la esperaban. Un tipo alto, de pelo rubio, vestido con corbata, nos miraba desde lejos.

—¿Dónde vivís? —pude preguntarle antes de que corriera hacia el tipo. Creí que respondía "En Guadalupe" pero no escuché con claridad. La vi abrazarse con el hombre y besarlo varias veces.

Devoré un par de bocados. Se me acercó la Poison y me preguntó por Leda, preferí guardar el misterio y decirle a secas que era una vieja amiga. La Poison celosa era el ser más posesivo de la tierra, las caricias en el carro me habían excitado y di la bienvenida a los gestos seductores con que la Poison me hizo saber que desaprobaba mi encuentro con Leda.

Sonaba algo de Janis Joplin cuando ella tomó mi mano y la llevó hasta su pecho. Nos abrazamos y decidimos conseguir algo de yerba antes de buscar un cuarto. Nos acercamos al grupo en el que estaba Fernando y nos pasaron dos puros descomunales. "Talamanca Red", nos explicaron, pero antes que terminaran de decirlo ya nos habíamos dado cuenta. Janis Joplin seguía cantando y nosotros la amábamos. Hubiéramos amado a cualquiera que cantara en ese momento, pero era Janis y eso era lo mejor que nos podía pasar. Su voz de hierro mutilado nos ponía los pelos de punta, y aunque no entendiéramos lo que decía sabíamos que era cierto, porque sólo alguien que dice la verdad puede cantar de esa manera.

82 Los dedos de la Poison acariciaban mi brazo y la miré. Sus pequeños ojos asomaban detrás de los mechones, y por primera vez advertí en ellos un tono de súplica y temor. Sin cruzar una palabra supe que también ella sentía que nosotros, Juan Carlos y Fernando y Lucy y nosotros dos, estábamos fuera de lugar. Entonces apreté su mano y subimos a buscar los cuartos.

Cuando bajamos la fiesta seguía y mejor. Más gente había llegado y algunos bailaban en la sala. Nosotros estábamos contentos porque en la cama todo anduvo bien, jugamos mucho y nos dijimos estupideces cariñosas.

En las mesitas distribuidas por la casa habían puesto fuentes con fruta y marihuana, nosotros encendimos un joint y compartimos una tajada de piña. Un tipo con los ojos como tomates se acercó diciéndonos que la ley de la gravedad ejercía mayor influencia durante la noche que durante el día, por eso los humanos dormíamos en la noche, acercándonos más al centro gravitacional del planeta. La Poison y yo nos miramos tratando de contener la carcajada, pero fue imposible y estallamos mientras el tipo seguía desarrollando su teoría, como él mismo la llamó.

En ese momento Renato corrió hasta el tocadiscos, levantó el brazo metálico y desapareció el encanto de Santana. Después alzó una mano en un gesto terminante y por su expresión supimos que era en serio. Caminó muy despacio hasta una de las ventanas, entreabrió el cortinaje y miró. Me acerqué a la Poison y le acaricié un brazo. Renato se volvió con el rostro lívido y tartamudeó que había dos autos de policía frente a la casa. Aunque algunos gritaron y otros quedaron paralizados durante un momento, en pocos segundos nos habíamos organizado bastante bien; mientras unos recogían las fuentes con la yerba y las llevaban a los baños, otros lanzaban los puros dentro de la taza y halaban la cadena.

Golpearon la puerta. Renato interrogó con la mirada, nadie se opuso y comenzó a abrirla despacio. Desde afuera empujaron y Renato salió disparado hacia atrás. Corrimos en todas direcciones, la Poison y yo hacia el cuarto, en medio de los gritos y la confusión. Mientras subía me rezagué para mirar el grupo de policías que se lanzaba en pos de todo lo que se moviera. Llegué al cuarto y busqué a la Poison que se había escondido bajo la cama. La saqué de un jalón y miramos al mismo tiempo la ventana. Corrimos hasta ella, la abrimos y la gran mancha oscura del patio nos pareció la salvación. Primero se lanzó la Poison. Se colgó del marco, con lo

83

que disminuía algo —no mucho— la altura de la caída, después sus manos se soltaron y escuché el golpe de su cuerpo contra el zacate. Dejé pasar unos segundos antes de seguirla.

El patio estaba oscuro pero poco después se dibujaron las siluetas de los arbustos. Más allá, terrible y maravillosa a la vez, se alzaba la gran tapia que marcaba el límite de la propiedad. Corrí a esconderme tras el primer arbusto y llamé a la Poison. Nada. Sabía que ninguno de los dos podría saltar sin la ayuda del otro, casi había llegado al muro cuando escuché que me llamaba. Había encontrado un árbol desde donde saltar al otro lado era posible. La Poison estaba arriba, aunque mis ojos se habían acostumbrado a la penumbra no la pude ver. Rápidamente me indicó la forma de trepar; lo hice sin mucha dificultad —nada es difícil con los polis a tu espalda— y cuando estuve arriba sentí una mano sobre la mía. Nos separaríamos, me dijo, ella saltaría primero y yo la seguiría unos minutos después. Le di el dinero que tenía para que tomara un taxi. Tranquila, todo saldría bien, nos hablábamos mañana por teléfono. Creo que sonreía cuando se acercó para besarme. Luego escuché el sonido de las ramas que se agitaban bajo su peso y después no supe más. Dejé pasar unos minutos antes de deslizarme sobre las ramas, cuando me supe sobre la acera me colgué y dejé caer. Me convencí de que nada dolía y comencé a caminar lo más serenamente que podía.

Había dejado de llover hacía varias horas pero las calles se mantenían húmedas. Después de atravesar algunas calles poco transitadas, salí a la carretera principal. Reconstruí mentalmente el momento en que la policía entró: estaba casi seguro que a Juan Carlos, Fernando y Jean Luc los habían agarrado. Sobre Remedios no tenía dudas. A Lucy no la había visto, quizá se había marchado antes que la policía llegara. En fin, habría que esperar.

A lo lejos, vi la silueta de alguien que caminaba en la misma dirección. Iba como a cincuenta metros de distancia, por la acera

opuesta y sin prisa. Pensé que podía ser la Poison y aceleré un poco el paso. En seguida me di cuenta de que era un hombre. Aunque
la calle estaba de por medio, me pareció que no era joven ni viejo,
pensé que era un obrero después de su jornada nocturna. No sé por
qué, me dieron unas ganas inmensas de cruzar y caminar con él.
El hombre me miró con recelo al principio y luego con indiferen-
cia, enderezó la cara y siguió caminando. Los pasos del desconocido golpeaban a mi derecha, traté de adelantarme pero fue inútil:
parecíamos sincronizados, avanzando en la misma dirección, al
mismo paso, con la calle de por medio. Hubiera sido fácil atravesar la calle y acercarse, lo difícil eran las palabras. Siempre las
palabras.

Algo hay podrido en Dinamarca, recuerdo que pensé, y en el resto
de este puto planeta para que esto pase. Ni siquiera el viento de la
madrugada podía unir a dos desconocidos y hacerlos caminar en
compañía. Algo hay podrido en Dinamarca. Me moría de ganas de
contarle lo que nos pasó, vengo de una fiesta pero cayó la ley y por
poco nos agarran, mi chamaca y yo salimos escupidos y por esta nos
salvamos. Entonces pensé por primera vez en mi vida que tal vez,
casi seguramente, algo importante decían las frases garabateadas
en los muros de San José. Y en un instante pasaron por mi mente
las imágenes que había visto en los periódicos de las manifestacio-
nes juveniles en México, París, Río de Janeiro y California, y sentí
que mi garganta se trababa y estuve a punto de gritar, de llorar, no
sé. Algo hay podrido en Costa Rica, en Dinamarca y en todos los
que somos incapaces de hablar con un desconocido. Y supe que
Janis Joplin decía lo mismo, y que en su voz de diosa herida se
mezclaban la furia y los lamentos.

Y a la mañana siguiente, antes de desayunar, antes de llamar a
la Poison y enterarme de que había llegado bien, robé de la casa
un poco de pintura y caminé hasta el final del callejón. Llovizna-
ba despacio y las gotas me humedecían la cara. Ahí, con grandes

letras celestes y con las manos temblándome por la emoción, escribí:

ALGO HAY PODRIDO EN DINAMARCA

La lluvia arreciaba y deformó un poco las letras. Levanté la vista y me salió al encuentro el cielo gris entristecido. Era temporal del Atlántico, sin ninguna duda. Miré una vez más las letras y la pintura resistía el embate de la lluvia. Serenamente, conteniendo una alegría indomable que me venía de atrás, metí una mano en el tarro de pintura y deslicé los dedos por mi cara. Sentí la pintura aferrándose a los párpados y caminé hacia la casa, ignorando las miradas de asombro de los vecinos, mientras recordaba la canción del viejo Dylan: una fuerte, fuerte lluvia iba a caer.

86

Senel Paz

COMO UN ESCOLAR SENCILLO

CUBA

S ENEL PAZ, narrador, guionista y periodista. Nació en Fomento en 1950. Vivió su infancia y adolescencia en el campo. Publicó sus primeros textos literarios en 1970. A partir de su libro *El niño aquel* (1980), Premio David de Cuentos, es considerado uno de los autores más importantes de la nueva narrativa cubana. En 1983 se publicó su novela *Un rey en el jardín,* Premio de la Crítica de ese año y publicada también en España y Checoslovaquia, y con la cual Senel Paz cerró un ciclo literario en el que predominaban la evocación del campo y las narraciones infantiles, en un mundo a la vez desgarrador y fantasioso. Sus cuentos han aparecido en numerosas antologías cubanas y extranjeras y en revistas de catorce países; también han sido objeto de versiones para la radio, la televisión, el teatro y el cine. Obtuvo el Premio Internacional Juan Rulfo correspondiente a 1990. Es autor de varias películas de ficción. Actualmente reside en La Habana y es asesor literario en el Instituto Cubano del Cine.

E scribir es un intento de comprender la vida,
de comprenderse uno mismo y de dialogar con los demás.
Muchas veces es un disfrute, un gozo, una felicidad,
porque te sientes muy bien creando personajes e historias
y sabes que éstos tendrán algún sentido para otras personas.
En otras ocasiones es sufrir:
sufres por lo triste que hay en el destino de los demás
y en el tuyo propio, o sufres simplemente
porque no puedes escribir como quieres,
porque no logras que tus historias, sobre el papel,
sean tan buenas como en tu mente,
crees que nunca lo vas a lograr, que es imposible.
Escribir es un trabajo difícil, duro,
que pocos logran hacer bien.
Demanda mucha paciencia, mucho estudio,
mucha perseverancia.
Ahora bien, ¿cómo estar seguros de que un texto
es definitivamente bueno?

En muchas ocasiones no tengo ni la menor idea
de qué significa la creación literaria ni por qué escribo.
Sólo sé que escribo y que no puedo dejar de hacerlo,
y que soy capaz de defender, con la vida,
mi derecho a escribir.
Pienso poco en mi obra terminada, me ocupo poco de ella.
Una obra me interesa mientras la escribo;
es el trabajo de creación lo que me apasiona,
lo que me hace sentir vivo y pleno.
También me gusta escribir para el cine;
a través de éste, mucha más gente se acerca a tu obra,
aunque de un modo menos íntimo,
menos perdurable que en la literatura.
Prefiero esta última; en ella el contacto
entre el lector y yo es mucho más fuerte,
la libertad con que me expreso es mayor.
Aunque no siempre uno escribe para el lector.
La mayoría de las veces uno escribe para sí mismo,
después para sus amigos, y en algunas ocasiones
para los lectores en general.

*Extracto de los comentarios vertidos por
el autor para esta edición.*

Como un Escolar Sencillo

Un día recibí una carta de abuela. La iba leyendo por el pasillo tan entretenido, riéndome de sus cosas, que pasé por mi aula, seguí de largo y entré a la siguiente, donde estaban nada menos que en la clase de Español. Sin levantar la vista del papel fui hasta donde estaría mi puesto y por poco me siento encima de otro. El aula completa se rió. Arnaldo también se rió cuando se lo conté, se rió muchísimo. Nunca se había divertido tanto con algo que me sucediera a mí, y me sentí feliz. Pero no es verdad que eso pasó. Lo inventé para contárselo a él, porque a él siempre le ocurren cosas extraordinarias y a mí nunca me pasa nada. A mí no me gusta como soy. Quisiera ser de otra manera. Sí, porque en la secundaria, en la escuela al campo, a mí nadie me llama cuando forman un grupo, cuando se reúnen en el patio, ni nadie me dice que me apure para ir a comer conmigo. Cómo me hubiera gustado que aquella vez, en la clase de Biología, cuando le pusieron un cigarro en la boca a Mamerto, el esqueleto, y nos dejaron de castigo, la profesora no hubiera dicho que yo *sí* me podía ir porque estaba segura de que yo sí que no había sido. Cómo la odié mientras pasaba por delante de todos con la aureola dorada sobre la cabeza. Cómo me hubiera gustado haber sido yo, yo mismo. Pero qué va, yo no fui. Y de mí no se enamoró ninguna muchacha. Sobre todo no se enamoró Elena. Y otra cosa mía es que yo todo se lo pregunto a mi menudo. Lo tomo del bolsillo, sin mirarlo, y voy contando los escudos y las estrellas que caen bocarriba. Las estrellas son los sí, a mí las estrellas me gustan más que los escudos. Y un día al llegar a la carretera me dije que si antes de contar doscientos pasos pasaban cinco carros azules, enamoraba a Elena; y si de la mata de coco al flamboyán había noventa y seis pasos, la enamoraba; y si el menudo me decía que sí dos veces seguidas, la enamoraba. Pero no la enamoré. No pude. No me salió. No se me movían las piernas aquella vez para ir del banco donde estaba yo al banco donde estaba ella, tomándose un helado. Y estoy seguro de que si Elena me hubiera querido, si hubiéramos sido aunque fuera un poquito novios, habría dejado de ser como soy. Hubiera sido como Raúl o Héctor. Elena tan linda, con esa risa suya, con esa forma que tiene de llegar, de ponerse de pie, de aparecer, de estar de espaldas cuando la llaman y volverse. Lo que hice fue escribirle una carta, dios mío qué vergüenza, y a pesar de que le advertí lo secretos que eran mis sentimientos, que si no le interesaban no se lo dijera a nadie, no se ofendiera, al otro día, cuando entré a la secundaria, los de mi aula, que como siempre estaban bajo los almendros, comenzaron a cantar que Pedrito estaba enamorado, Pedrito estaba enamorado, de quién, de quién sería. ¿Sería de Elena? De Elena era. Daría dos años de mi vida porque esto no hubiera sucedido. Las muchachas admiraban a los demás porque se reían, conversaban, fumaban, les quedaba tan bien el pelo en la frente y las llevaban a la heladería, al cine, al parque, se les insinuaban, les tomaban las manos aunque dijeran que no, les miraban por los escotes, jugaban fútbol y pelota, se habían fajado alguna vez. Al contemplarlos, los veía alegres y despreocupados, divertidos. Me cambiaría por cualquiera de ellos, menos por Rafael, y por Iznaga tampoco. Así es la gente que se necesita, la que hace falta, no los estúpidos como yo. Nadie es de esta manera. Incluso en mi casa no son así. Antes fueron como marchitos, pero de repente despertaron, resucitaron. La primera fue mamá, que un día regresó con Isabel, ambas vestidas de milicianas, y se reían ante el espejo. "Qué nalgatorio tengo", se quejaba mamá. "Se te marca todo", decía Isabel. "A ver si se atreve a salir a la calle con esa indecencia", protestó abuela. Pero mamá se atrevió, y le encantaba hacer guardias. Trabajaba ahora en el taller de confecciones textiles y regresaba todas las tardes hablando de sindicato, de reuniones, de lo que había que hacer. "Por dios, si uno antes estaba ciego", decía. "Ni muerta vuelvo yo a servirle de esclava a nadie ni a soportar un atropello", y besaba la cruz de sus dedos. Un 26 de julio se fue para La Habana, en camión y con unas naranjas y unos emparedados en una bolsa de nailon, y regresó como a los tres días, en camión, con una boina, dos muñecas y banderitas en la bolsa de nailon. Estuvo haciendo los cuentos una semana. "Un guajiro se trepó en un poste de la luz altísimo, y desde allá arriba saludaba." Cuando las hermanas trajeron las planillas para irse a alfabetizar, mamá tomó la pluma con mucha disposición, dibujó un elegantísimo círculo en el aire, y estampó la firma en todo el espacio que le dejaban, mientras me medía a mí con la vista. Qué negros tenía los ojos esa tarde. Era una de esas veces que parece una paloma. Luego las hermanas eran dirigentes estudiantiles en la secundaria, tenían listas de los alumnos que iban a los trabajos productivos, de los profesores que a lo mejor no eran revolucionarios, y recibieron sus primeros novios en la sala de la casa. Abuela comentaba: "A mí lo único que no me gusta de este comunismo es que no haya ajos ni cebollas. Sí, ustedes sí, la que cocina soy yo". Cuando en la limpieza de un domingo las hermanas retiraron de la sala el cuadro de Jesucristo, vino hecha una fiera de la cocina, echando candela por la boca, y lo restituyó a su lugar. "¿Ustedes no tienen a Fidel en aquella pared?, pues yo tengo a Jesucristo en ésta y quiero ver quién es el guapito que me lo quita. ¿O porque estoy vieja no van a respetar lo mío? Jesucristo ha existido siempre, desde que yo era chiquita." Gastaba lo último de la vista vigilando a la señora de la esquina no fuera a quemar la tienda que le intervinie-

93

ron, antes de irse para los Estados Unidos. Cuando por fin se fue, pasó un mes protestando porque la casa también la cogieron para oficinas. "Le voy a escribir a Fidel", amenazaba.

Entonces otros defectos míos son que todo el mundo termina por caerme bien, hasta la gente que debe caerme mal. Ricardo debió caerme mal. Y que soy bobo, no puedo ser malo. Yo voy con una basura y nadie me está mirando, nadie se va a enterar, y no puedo echarla en la calle, tengo que echarla en un cesto aunque camine cinco cuadras para encontrarlo. En un trabajo voluntario hemos adelantado muchísimo y no importa tanto que nos hagamos los bobos para descansar un poquito, y yo no puedo, no puedo dejar de trabajar ese ratico porque la conciencia me dice que yo estoy allí para trabajar. A la vez tampoco puedo continuar trabajando porque la conciencia también me dice que si sigo soy un rompegrupo, un extremista, un cuadrado, y cuando venga el responsable va a decir que todo el mundo estaba haraganeando excepto yo. Y mucho menos puedo pararme y decir: "Eh, compañeros, ¿qué piensan ustedes? No se puede perder tiempo, ¿eh?, tenemos que cumplir la norma. Arriba, arriba". Una vez la conciencia me hizo el trato de que si yo decía eso en alta voz me dejaba enamorar a Elena. Yo quisiera ser malo, aunque fuera un solo día, un poquito. Engañar a alguien, mentirle a una mujer y hacerla sufrir, robarme alguna cosa de manera que me reproche a mí mismo, que me odie. Siempre estoy de acuerdo con lo que hago, con lo que no estoy de acuerdo es con lo que dejo de hacer. Sé que si hiciera algo por lo que pudiera aborrecerme, estaría más vivo y luego sería mejor. Sería bueno porque yo quiero, no como ahora que lo soy porque no me queda más remedio. He hecho prácticas para volverme malo. Antes, de pequeño, las hacía. Sabía que lo ideal era cazar lagartijas y cortarles el rabo, desprenderles los brazos, destriparlas. Pero no, porque las lagartijas a mí me caen bien y a todas luces son útiles. Atrapaba moscas y las tiraba a una palangana con agua. Eso hacía. "Ahí, ahóguense." Me iba a la sala a disfrutar. No podía, pensaba en la agonía de las moscas, las moscas qué culpa tenían, y regresaba a salvarlas. Ahora tengo que buscar algo más fuerte. Tener un amigo y traicionarlo con su novia. Yo tengo que hacer eso.

El asunto es que mamá estaba una noche sacando cuentas en la mesa, muy seria, y yo estaba al otro lado, muy serio, dibujando el mismo barco ese que dibujo siempre, y levantó la vista y me miró para adentro de los ojos, hasta que dijo: "Aquí va a hacer falta que tú te beques". Casi con temor lo dijo, y yo no respondí nada, ni con los ojos respondí y dejé de dibujar el barco. Se levantó muy cariñosa y se sentó a mi lado, me tomó las manos. "El pre en Sancti Spiritus, con los viajes diarios —comenzó a explicarme—, dinero para el almuerzo y la merienda, todo eso, es un gasto que yo no puedo hacer. Nunca has estado lejos de la casa, no te has separado de mí y en la beca tendrás que comerte los chícharos y lo que te pongan delante, pero alégrate, hijo, porque tus hermanas van a dejar los estudios y ponerse a trabajar. Yo sola no puedo y parece que me va a caer artritis temprano. Estudia tú, que eres el varón, y luego ayudas a la familia. Pero tiene que ser becado." ¿Embullarme a mí con la beca? Si lo que más quería yo en el mundo era irme de la casa y del pueblo para volverme otro en otro lugar y regresar distinto, un día, y que Elena me viera. Entonces, en el barrio mío, todo el que necesita algo le escribe a Celia Sánchez, y mamá y yo hicimos la carta, cuidando de explicar bien cuánto ganaba ella, cómo había sido explotada en el régimen anterior, lo que pagaba de alquiler, que era miliciana, de los CDR, de la Federación, y que la casa se estaba cayendo. La pasamos con la mejor de todas mis letras, sin un borrón, los renglones derechitos, y al final pusimos *Comandante en Jefe Ordene,* en letras mayúsculas. La echamos al correo llenos de esperanza porque Celia Sánchez contesta siempre, lo dice todo el mundo. Abuela comentó que a ella Celia Sánchez le cae muy bien y que tiene un pelo muy negro y muy bonito. Es la única persona

95

que puede llamarle la atención a Fidel o recordarle algo que se le haya olvidado, dicen. Le cae atrás y lo obliga a tomarse las pastillas, pero éstos deben ser cuentos de la gente, porque Fidel qué pastillas va a tener que tomar. Abuela también pregunta qué está haciendo Haydee Santamaría, dónde están Pastorita Núñez y Violeta Casals...

La beca llegó a los pocos días. Yo estaba dibujando el barco y mamá barría la sala. Tenía puesto su vestido de ovalitos, que le queda tan entallado y la hace lucir tan joven, porque acababa de regresar del juzgado adonde fue a averiguar si, por las leyes nuevas, el padre de nosotros no tenía la obligación de pasarnos algún dinero hasta que seamos mayores. Recogió el telegrama. Luego de leerlo, se quedó con él en la mano, muda, emocionada, sorprendida no sabía bien por qué, y yo sabía qué telegrama era, pero no se lo preguntaba, hasta que dijo: "La verdad que el único que me ayuda a mí a criar a mis hijos se llama Fidel Castro". Me besó y me explicó que a todo el mundo le va bien en las becas, engordan, se hacen hombres, y yo me adaptaría como los demás, iba a ver, machito lindo, su único machito, y corrió a darle la noticia a las vecinas que ya comenzaban a asomar intrigadas por la visita y el silbido del repartidor de telegramas. Fui al cuarto y me miré al espejo. Le dije al que estaba reflejado allí: "En la escuela adonde vaya ahora, voy a cambiar. Seré otro, distinto, que me gustará. Vas a ver. Dejaré tu timidez estúpida, no me podrás gobernar. Voy a conversar con todos, a caerles bien a los demás. No cruzaré inadvertido por los grupos, alguien me llamará. Y tendré novias, sabré bailar, ir a fiestas, seré como todos. Me van a querer, y no podrás hacer nada contra mí. Te jodí. Seré otro, en otro lugar".

Salí rumbo a la beca una madrugada. De pronto sonó el despertador y mamá se tiró de la cama. "Niño, niño, levántate que se hace tarde y se te va la guagua." Se levantaron también abuela y las hermanas, todas nerviosas. "Revisa otra vez la maleta —insistía mamá—. ¿Está todo? ¿La cartera? ¿Los diez pesos? ¿Y el telegrama, que lo tienes que presentar?" "¿Y la medallita de la Caridad no la lleva?" preguntó abuela. "Abuela, ¿cómo va a llevar una medalla para la beca?", protestaron las hermanas. "Que no la lleve, que no lleve. ¿A ver qué trabajo le cuesta llevarla y tenerla escondida en el fondo de la maleta?" Salimos, despertando a los vecinos: "Romualdo, Micaela, Manuel, Sofía, el niño se va para la beca". "Que Dios lo bendiga, hijo." "Pórtese bien." "Espere, coja un peso para el camino." "Rajado aquí no lo quiero, ¿eh?" Todavía junto al ómnibus mamá me encargaba: "Cuide bien la maleta. Usted haga lo que le manden, nunca diga que no, pórtese como es debido, llévese bien con sus compañeros pero si ellos hacen maldades, usted apártese. Cuide lo suyo y no preste nada ni pida prestado. Sobre todo, ropa prestada no te pongas, que luego la manchas o cualquier cosa y tú tienes todo lo de la libreta cogido, y con qué lo voy a pagar yo. Si vas a pasar una calle, te fijas bien que no vengan carros de un lado ni del otro, mira que en La Habana no es como aquí, allá los carros son fúuu, fúuuu". Y abuela dijo: "Cuando esté tronando no cojas tijeras en las manos ni te mires en los espejos". Y las hermanas: "A ver si ahora te ganas el carnet de militante, si dejas esa pasividad tuya y coges el carnet, que en lo demás tú no tienes problemas. Quítate la maña de estar diciendo *dios mío* cada tres minutos. Te despiertas y si tienes que decir malas palabras, dilas". "No señor —intervino abuela—, malas palabras que no diga. De eso no hay ninguna necesidad. Y que sí crea en Dios." A todo dije que sí y por fin arrancaron las guaguas de Becas, viejas, lentas y grises. Me tocó una de esas con trompas de camión, que le dicen dientusas. Ellas fueron quedando atrás, paradas en el mismo borde de la acera, diciendo adiós y adiós, mamá diciendo más adiós que ninguna, mientras amanecía, y cuando ya se perdieron, y se perdió el pueblo, me dejé caer en el asiento y me dije: "Por fin me voy de este pueblo, de este pueblo maldito que tiene la culpa de que yo sea como soy. Por fin comenzaré a ser distinto en otro lugar. A lo mejor me pongo tan dichoso que llego y lo primero que hago es conocer a Consuelito Vidal o a Margarita Balboa. Puede que un director de cine ande buscando un actor que tenga que ser exactamente como yo soy, y me encuentra y hace una película conmigo. La ven en el cine de aquí, la ve Elena, y la gente dice, orgullosa, que ése soy yo, Pedrito, uno de este pueblo". Tomé el menudo del bolsillo y por última vez se lo prometí, me lo prometí, le pregunté si en la beca me iría bien, sí o no. De cinco veces que le pregunté, el menudo dijo tres que sí.

Antonio Skármeta

EL CICLISTA DEL
SAN CRISTÓBAL

CHILE

ANTONIO SKÁRMETA VRAMICIC, nació en Antofagasta en 1940. Cursó sus estudios secundarios en el Instituto Nacional, de cuya Academia de Letras fue presidente. Estudió filosofía y literatura en la Universidad de Chile y en Columbia University. Fue profesor de literatura latinoamericana y de narrativa en las Universidades de Chile y Católica. Vivió en Berlín Occidental, donde enseñó dramaturgia en la Academia de Cine y Televisión. Ha escrito numerosos ensayos sobre temas de literatura hispanoamericana, política cultural, cine y arte, publicados en revistas especializadas de América Latina, Europa y los Estados Unidos. Además ha escrito varios guiones para el cine y dramas para la radio. Con su película *Ardiente paciencia*, sobre Neruda, obtuvo un premio especial en Italia. Entre sus publicaciones figuran: *El entusiasmo*, cuentos, 1967; *Desnudo en el tejado*, cuentos, 1969; *Tiro libre*, cuentos, 1973; *El ciclista del San Cristóbal*, cuentos, 1973; *Novios solitarios*, cuentos, 1975; *Soñé que la nieve ardía*, novela, 1975; *No pasó nada*, novela, 1980; *La insurrección*, 1981; *Ardiente paciencia*, 1985 y *Match Ball*, 1989.

Hasta qué punto puede hablarse en su literatura *de que lo biográfico es lo que "gatilla" lo artístico?*
—Toda mi literatura ha crecido biológicamente.
A medida que va cambiando el cuerpo,
van cambiando también las esferas de la realidad que se atraen,
de modo que lo biográfico está asumido muy fuertemente:
del joven adolescente al joven que se interesa por los procesos sociales;
de éste, al hombre ya sin pelo (se palpa la cabeza)
que vivía en Europa.

101

—*Y esos "despidos" capilares,*
¿a qué van equivaliendo exactamente en su literatura?
—Bueno, van equivaliendo a distintas etapas.
Primero a la de los cuentos de *El entusiasmo*, y *Desnudos en el tejado*.
Ahí el protagonista es un hombre joven que maravillado
ante el espectáculo del universo,

ante la fugacidad y la fragilidad del mundo,
enfrenta la desesperación con una fantasía desorbitada.
En una segunda etapa, que se sitúa alrededor de *Tiro libre* (1973),
el centro de la gravedad se traslada desde el yo lírico,
angustiado, delirante, poético, al "otro".
Ahora, el narrador se interesa mucho más por lo que está fuera de él.
Aparece también lo social: el pueblo, el conflicto social,
el acotamiento histórico (*Soñé que la nieve ardía*, 1975).
Me interesa lo popular, pero odio lo folklórico-sentimentaloide.

—*Después viene la etapa de la emigración, que se presenta*
en una multiplicidad de formas y registros.
—Sí, la etapa más larga y la más variada.
Porque allí paralelamente con mi trabajo como escritor,
voy desarrollándome como guionista,
y finalmente, como director de cine.
Y también me bifurco en otros géneros, como el teatro.
Es una etapa que temáticamente cambia mucho,
porque si antes el factor coloquial
y su exploración poética eran el plato fuerte,
ahora me encuentro desprovisto
del contacto inmediato con el lenguaje chileno,
que empieza a ser "evocado" más que "vivido".
Junto a la mitificación, a la que tú te refieres,
hay un proceso de selección en mi literatura, y en mi vida.

Extracto de la entrevista realizada por Ana María Larraín
publicada en la Revista Libros *del diario* El Mercurio:
Santiago, 6 de agosto de 1989.

El Ciclista del San Cristóbal

> *«...y abatirme tanto, tanto,*
> *que fui tan alto, tan alto,*
> *que le di a la caza alcance...»*
>
> San Juan de la Cruz

ADEMÁS ERA el día de mi cumpleaños. Desde el balcón de la Alameda vi cruzar parsimoniosamente el cielo ese Sputnik ruso del que hablaron tanto los periódicos y no tomé ni así tanto porque al día siguiente era la primera prueba de ascención de la temporada y mi madre estaba enferma en una pieza que no sería más grande que un closet. No me quedaba más que pedalear en el vacío con la nuca contra las baldosas para que la carne se me endureciera firmeza y pudiera patear mañana los pedales con ese estilo mío al que le dedicaron un artículo en "Estadio". Mientras mamá levitaba por la fiebre, comencé a pasearme por los pasillos consumiendo de a migaja los queques que me había regalado la tía Margarita, apartando acuciosamente los trozos de fruta confitada con la punta de la lengua y escupiéndolos por un costado que era una inmundicia. Mi viejo salía cada cierto tiempo a probar el ponche, pero se demoraba cada vez cinco minutos en revolverlo, y suspiraba, y después le metía picotones con los dedos a las presas de duraznos que flotaban como náufragos en la mezcla de blanco barato, y pisco, y orange, y panimávida.

Los dos necesitábamos cosas que apuraran la noche y trajeran urgente la mañana. Yo me propuse suspender la gimnasia y lustrarme los zapatos; el viejo le daba vueltas al guía con la probable idea de llamar una ambulancia, y el cielo estaba despejado, y la noche muy cálida, y mamá decía entre sueños "estoy incendiándome", no tan débil como para que no lo oyéramos por entre la puerta abierta.

Pero esa era una noche tiesa de mechas. No aflojaba un ápice la crestona. Pasar la vista por cada estrella era lo mismo que contar cactus en un desierto, que morderse hasta sangrar las cutículas, que leer una novela de Dostoiewsky. Entonces papá entraba a la pieza y le repetía a la oreja de mi madre los mismos argumentos inverosímiles, que la inyección le bajaría la fiebre, que ya amanecía, que el doctor iba a pasar bien temprano de mañana antes de irse de pesca a Cartagena.

Por último le argumentamos trampas a la oscuridad. Nos valimos de una cosa lechosa que tiene el cielo cuando está trasnochado y quisimos confundirla con la madrugada (si me apuraban un poco hubiera podido distinguir en pleno centro algún gallo cacareando).

Podría ser cualquier hora entre las tres y las cuatro cuando entré a la cocina a preparar el desayuno. Como si estuvieran concertados, el pitido de la tetera y los gritos de mi madre se fueron intensificando. Papá apareció en el marco de la puerta.

—No me atrevo a entrar —dijo.

Estaba gordo y pálido y la camisa le chorreaba simplemente. Alcanzamos a oír a mamá diciendo: que venga el médico.

—Dijo que pasaría a primera hora en la mañana —repitió por quinta vez mi viejo.

Yo me había quedado fascinado con los brincos que iba dando la tapa sobre las patadas del vapor.

104

—Va a morirse —dije.

Papá comenzó a palparse los bolsillos de todo el cuerpo. Señal que quería fumar. Ahora le costaría una barbaridad hallarlos y luego pasaría lo mismo con los fósforos y entonces yo tendría que encendérselo en el gas.

—¿Tú crees?

Abrí las cejas así tanto, y suspiré.

—Pásame que te encienda el cigarrillo.

Al aproximarse a la llama, noté confundido que el fuego no me dañaba la nariz como todas las otras veces. Extendí el cigarro a mi padre, sin dar vuelta la cabeza, y conscientemente puse el meñique sobre el pequeño manojo de fuego. Era lo mismo que nada. Pensé: se me murió este dedo o algo, pero uno no podía pensar en la muerte de un dedo sin reírse un poco, de modo que extendí toda la palma y esta vez toqué con las yemas las cañerías del gas, cada uno de sus orificios, revolviendo las raíces mismas de las llamas. Papá se paseaba entre los extremos del pasillo cuidando de echarse toda la ceniza sobre la solapa, de llenarse los bigotes de mota de tabaco. Aproveché para llevar la cosa un poco más adelante, y puse a tostar mis muñecas, y luego los codos, y después otra vez todos los dedos. Apagué el gas, le eché un poco de escupito a las manos, que las sentía secas, y llevé hasta el comedor la cesta con pan viejo, la mermelada en tarro, un paquete flamante de mantequilla.

Cuando papá se sentó a la mesa, yo debía haberme puesto a llorar. Con el cuello torcido, hundió la vista en el café amargo como si allí estuviera concentrada la resignación del planeta, y entonces dijo algo, pero no alcancé a oírlo, porque más bien parecía sostener un incrédulo diálogo con algo íntimo, un riñón por ejemplo, o un fémur. Después se metió la mano por la camisa abierta y se mesó el ensamble de pelos que le enredaban el pecho. En la mesa había una cesta de ciruelas, damascos y duraznos un poco machucados. Durante un momento las frutas permanecieron vírgenes y acunadas, y yo me puse a mirar a la pared como si me estuvieran pasando una película o algo. Por último agarré un prisco y me lo froté sobre la solapa hasta sacarle un brillo harto pasable. El viejo nada más que por contagio levantó una ciruela.

—La vieja va a morirse —dijo.

Me sobé fuertemente el cuello. Ahora estaba dando vueltas al hecho de que no me hubiera quemado. Con la lengua le lamí los conchos al cuesco y con las manos comencé a apretar las migas sobre la mesa, y las fui arrejuntando en montoncitos, y luego las disparaba con el índice entre la taza y la panera. En el mismo instante que tiraba el cuesco contra un pómulo, y me imaginaba que tenía manso cocho en la muela poniendo cara de circunstancia, creí descubrir el sentido de porqué me había puesto incombustible si puede decirse. La cosa no era muy clara, pero tenía la misma evidencia que hace pronosticar una lluvia cuando el queltehue se viene soplando fuerte: si mamá iba a morirse, yo también tendría que emigrar del planeta. Lo del fuego era como una sinopsis de una película de miedo, o a lo mejor era puro blá-blá mío, y lo único que pasaba era que las idas al biógrafo me habían enviciado.

Miré a papá, y cuando iba a contárselo, apretó delante de los ojos sus mofletudas palmas hasta hacer el espacio entre ellas impenetrable.

—Vivirá —dije— Uno se asusta con la fiebre.

—Es como la defensa del cuerpo.

Carraspeé.

—Si gano la carrera tendremos plata. La podríamos meter en una clínica pasable.

—Si acaso no se muere.

Escupí sobre el hombro el cuesco lijadito de tanto menearlo. El viejo se alentó a pegarle un mordiscón a un durazno harto potable. Oímos a mamá quejarse en la pieza, esta vez sin palabras. De tres tragadas acabé con el café, casi reconfortado que me hiriera el paladar. Me eché una marraqueta al bolsillo, y al levantarse, el pelotón de migas fue a refrescarse en una especie de pocilla de vino sólo en apariencia fresca, porque desde que mamá estaba en cama las manchas en el mantelito duraban de a mes, pidiendo por lo bajo.

Adopté un tono casual para despedirme, medio agringado dijéramos.

—Me voy.

Por toda respuesta, papá torció el cuello y aquilató la noche.

—¿A qué hora es la carrera? —preguntó, sorbiendo un poco del café.

Me sentí un cerdo, y no precisamente de esos giles simpáticos que salen en las historietas.

—A las nueve. Voy a hacer un poco de pre-calentamiento.

Saqué del bolsillo las horquetas para sujetarme las bastillas y agarré de un tirón la bolsa con el equipo. Simultáneamente estaba tarareando un disco de los Beatles, uno de esos sicodélicos.

—Tal vez te convendría dormir un poco —sugirió papá—. Hace ya dos noches que...

—Me siento bien —dije, avanzando hacia la puerta.

—Bueno, entonces.

—Que no se te enfríe el café.

Cerré la puerta tan dulcemente como si me fuera de besos con una chica, y luego le aflojé el candado a la bicicleta desprendiéndola de las barras de la baranda. Me la instalé bajo el sobaco, y sin esperar el ascensor corrí los cuatro pisos hasta la calle. Allí me quedé un minuto acariciando las llantas sin saber para dónde emprenderlas, mientras que ahora sí soplaba un aire madrugado, un poco frío, lento.

La monté y de un solo envión de los pedales resbalé por la cuneta y me fui bordeando la Alameda hasta la Plaza Bulnes, y le ajusté la redondela a la fuente de la plaza, y enseguida torcí a la izquierda hasta la boite del Negro Tobar y me ahuaché bajo el toldo a oír la música que salía del subterráneo. Lo que fregaba la cachimba era no poder fumar, no romper la imagen del atleta perfecto que nuestro entrenador nos había metido al fondo de la cabeza. A la hora que llegaba entabacado, me olía la lengua y pa'fuera se ha dicho. Pero además de todo, yo era como un extranjero en la madrugada santiaguina. Tal vez fuera el único muchacho de Santiago que tenía a su madre muriéndose, el único y absoluto gil en la galaxia que no

107

había sabido agenciarse una chica para amenizar las noches saba-
tinas sin fiestas, el único y definitivo animal que lloraba cuando le
contaban historias tristes. Y de pronto ubiqué el tema del cuarteto,
y precisamente la trompeta de Lucho Aránguiz fraseando eso de
"no puedo darte más que amor, nena, eso es todo lo que te puedo
dar", y pasaron dos parejas silenciosas frente al toldo, como cenizas
que el malón del colegio había derramado por las aceras, y había
algo lúgubre e inolvidable en el susurro del grifo esquinero, y
parecía surgido del mar plateado encima de la pileta el carricoche
del lechero, lento a pesar del brío de sus caballos, y el viento se
venía llevando envoltorios de cigarrillos, de chupetes helados, y el
baterista arrastraba el tema como un largo cordel que no tiene
amarrado nada en la punta —shá-shá-dá-dá— y salió del subterráneo un joven ebrio a secarse las narices traspirado, los ojos pa-
tinándole, rojos de humo, el nudo de la corbata dislocado, el pelo
agolpado sobre las sienes, y la orquesta le metió al tango, sophis-
ticated, siempre el mismo, siempre uno busca lleno de esperanzas,
y los edificios de la Avenida Bulnes en cualquier momento podían
caerse muertos, y después el viento soplaría aún más descoyunta-
dor, haría veleta de navío, barcazas y mástiles de los andamiajes,
haría barriles de alcohol de los calefactores modernos, transforma-
ría en gaviotas las puertas, en espuma los parquets, en peces los
radios y las planchas, los lechos de los amantes se incendiarían, los
trajes de gala los calzoncillos los brazaletes serían cangrejos, y
serían moluscos, y serían arenilla, y a cada rostro el huracán le daría
lo suyo, la máscara al anciano, la carcajada rota al liceano, a la joven
virgen el polen más dulce, todos derribados por las nubes, todos es-
trellados contra los planetas, ahuecándose en la muerte, y yo entre
ellos pedaleando el huracán con mi bicicleta diciendo no te mueras
mamá, yo cantando Lucy en el cielo y con diamantes, y los policías
inútiles con sus fustas azotando potros imaginarios, a horcajadas,
sobre el viento, azotados por parques altos como volantines, por

estatuas, y yo recitando los últimos versos aprendidos en clase de castellano, casi a desgano, dibujándole algo pornográfico al cuaderno de Aguilera, hurtándole el cocaví a Kojman, clavándole un lápiz en el trasero al Flaco Leiva, yo recitando, y el joven se apretaba el cinturón con la misma parsimonia con que un sediento de ternura abandona un lecho amante, y de pronto cantaba frívolo, distraído de la letra, como si cada canción fuera apenas un chubasco antes del sereno, y después bajaba tambaleando la escalera, y Luchito Aránguiz agarraba un solo de "uno" en trompeta y comenzaba a apurarlo, y todo se hacía jazz, y cuando quise buscar un poco del aire de la madrugada que me enfriase el paladar, la garganta, la fiebre que se me rompía entre el vientre y el hígado, la cabeza se me fue contra la muralla, violenta, ruidosa, y me aturdí, y escarbé en los pantalones, y extraje la cajetilla, y fumé con ganas, con codicia, mientras me iba resbalando contra la pared hasta poner mi cuerpo contra las baldosas, y entonces crucé las palmas y me puse a dormir dedicadamente.

Me despertaron los tambores, guaripolas y clarines de algún glorioso que daba vueltas a la noria de Santiago rumbo a ninguna guerra, aunque engalanados como para una fiesta. Me bastó montarme y acelerar la bici un par de cuadras, para asistir a la resurrección de los barquilleros, de las ancianas míseras, de los vendedores de maní, de los adolescentes lampiños con camisas y botas de moda. Si el reloj de San Francisco no mentía esta vez, me quedaban justo siete minutos para llegar al punto de largada en el borde del San Cristóbal. Aunque a mi cuerpo se lo comían los calambres, no había perdido la precisión de la puntada sobre la goma de los pedales. Por lo demás había un sol de este volado y las aceras se veían casi despobladas.

109

Cuando crucé el Pío Nono, la cosa comenzó a animarse. Noté que los competidores que bordeaban el cerro calentando el cuerpo, me piropeaban unas miradas de reojo. Distinguí a López del Audax limpiándose las narices, a Ferruto del Green trabajando con un bombín la llanta, y a los cabros de mi equipo oyendo las instrucciones de nuestro entrenador.

Cuando me uní al grupo, me miraron con reproche pero no soltaron la pepa. Yo aproveché la coyuntura para botarme a divo.

—¿Tengo tiempo para llamar por teléfono? —dije.

El entrenador señaló el camarín.

—Vaya a vestirse.

Le pasé la máquina al utilero.

—Es urgente —expliqué—. Tengo que llamar a la casa.

—¿Para qué?

Pero antes de que pudiera explicárselo, me imaginé en la fuente de soda del frente entre niños candidatos al zoológico y borrachitos pálidos marcando el número de casa para preguntarle a mi padre... ¿qué? ¿Murió la vieja? ¿Pasó el doctor por la casa? ¿Cómo sigue mamá?

—No tiene importancia —respondí—. Voy a vestirme.

Me zambullí en la carpa, y fui empiluchándome con determinación. Cuando estuve desnudo procedí a arañarme los muslos y luego las pantorrillas y los talones hasta que sentí el cuerpo respondiéndome. Comprimí minuciosamente el vientre con la banda elástica, y luego cubrí con las medias de lanilla todas las huellas granates de mis uñas. Mientras me ajustaba los pantaloncillos y apretaba con su elástico la camiseta, supe que iba a ganar la carrera. Trasnochado, con la garganta partida y la lengua amarga, con las piernas tiesas como de mula, iba a ganar la carrera. Iba a ganarla contra el entrenador, contra López, contra Ferruto, contra mis propios compañeros de equipo, contra mi padre, contra mis compañeros de colegio y mis profesores, contra mis mismos huesos, mi cabeza, mi vientre, mi disolución, contra mi muerte y la de mi madre, contra el presidente de la república, contra Rusia y

Estados Unidos, contra las abejas, los peces, los pájaros, el polen de las flores, iba a ganarla contra la galaxia.

Agarré una venda elástica y fui prensándome con doble vuelta el empeine, la planta y el tobillo de cada pie. Cuando los tuve amarrados como un solo puñetazo, sólo los diez dedos se me asomaban carnosos, agresivos, flexibles.

Salí de la carpa. "Soy un animal" pensé cuando el juez levantó la pistola, "voy a ganar esta carrera porque tengo garras y pezuñas en cada pata". Oí el pistoletazo y de dos arremetidas filudas, cortantes sobre los pedales, cogí la primera cuesta puntero. En cuanto aflojó el declive, dejé no más que el sol se me fuera licuando lentamente en la nuca. No tuve necesidad de mirar muy atrás para descubrir a Pizarnick del Ferroviario, pegado a mi trasera. Sentí piedad por el muchacho, por su equipo, por su entrenador que le habría dicho "si toma la delantera, pégate a él hasta donde aguantes, calmadito, con seso, ¿entiendes?", porque si yo quería era capaz ahí mismo de imponer un tren que tendría al muchacho vomitando en menos de cinco minutos, con los pulmones revueltos, fracasado, incrédulo. En la primera curva desapareció el sol, y alcé la cabeza hasta la virgen del cerro, y se veía dulcemente ajena, incorruptible. Decidí ser inteligente, y disminuyendo bruscamente el ritmo del pedaleo, dejé que Pizarnick tomara la delantera. Pero el chico estaba corriendo con la biblia en el sillín: aflojó hasta ponérseme a la par, y pasó fuerte a la cabeza un muchacho rubio del State Français. Ladeé el cuello hacia la izquierda y le sonreí a Pizarnick. "¿Quién es?" le dije. El muchacho no me devolvió la mirada. "¿Qué?", jadeó. "¿Quién es?", repetí. "El que pasó adelante." Parecía no haberse percatado que íbamos quedando unos metros atrás. "No lo conozco", dijo. "¿Viste qué máquina era?" "Una Legnano" repuse. "¿En qué piensas?" Pero esta vez no conseguí respuesta. Comprendí que había estado todo el tiempo pensando si ahora que yo había perdido la punta, debía pegarse al nuevo líder. Si siquiera me hubiese

111

preguntado, yo le habría prevenido; lástima que su biblia transmitía con sólo una antena. Una cuesta más pronunciada, y buenas noches los pastores. Pateó y pateó hasta arrimársele al rucio, y casi con desesperación miró para atrás tanteando la distancia. Yo busqué por los costados a algún otro competidor para meterle conversa, pero estaba solo a unos veinte metros de los cabecillas, y al resto de los rivales recién se les asomaban las narices en la curvatura. Me amarré con los dedos el repiqueteo del corazón, y con una sola mano ubicada en el centro fui maniobrando la manigueta. ¡Cómo podía estar tan solo, de pronto! ¿Dónde estaban el rucio y Pizarnick? ¿Y González, y los cabros del club, y los del Audax Italiano? ¿Por qué comenzaba a faltarme el aire, por qué el espacio se arrumaba sobre los techos de Santiago, aplastante? ¿Por qué el sudor hería las pestañas y se encerraba en los ojos para nublar todo? Ese corazón mío no estaba latiendo así de fuerte para meterle sangre a mis piernas, ni para arderme las orejas, ni para hacerme más duro el trasero en el sillín, y más coces los enviones. Ese corazón mío me estaba traicionando, le hacía el asco a la empinada, me estaba botando sangre por las narices, instalándome vapores en los ojos, me iba revolviendo las arterias, me rotaba en el diafragma, me dejaba perfectamente entregado a un ancla, a mi cuerpo hecho una soga, a mi falta de gracia, a mi sucumbimiento.

—¡Pizarnick! —grité—. ¡Para, carajo, que me estoy muriendo!

Pero mis palabras ondulaban entre sien y sien, entre los dientes de arriba y los de abajo, entre la saliva y las carótidas. Mis palabras eran un perfecto círculo de carne: yo jamás había dicho nada. Nunca había conversado con nadie sobre la tierra. Había estado todo el tiempo repitiendo una imagen en las vitrinas, en los espejos, en las charcas invernales, en los ojos espesos de pintura negra de las muchachas. Y tal vez ahora —pedal con pedal, pisa y pisa, revienta y revienta— le viniera entrando el mismo silencio a mamá —y yo iba subiendo y subiendo y bajando y bajando— la misma muerte azul de la asfixia —pega y pega rota y rota— la muerte de narices sucias y sonidos líquidos en la garganta —y yo torbellino serpenteo turbina engranaje corcoveo— la muerte blanca y definitiva —¡a mí nadie me revolcaba, madre!— y el jadeo de cuántos, tres cuatro cinco diez ciclistas que me irían pasando, o era yo que alcanzaba a los punteros, y por un instante tuve los ojos entreabiertos sobre el abismo y debí apretar así duramente fuertemente las pestañas para que todo Santiago no se lanzase a flotar y me ahogara llevándome alto y luego me precipitara, astillándome la cabeza contra una calle empedrada, sobre basureros llenos de gatos, sobre esquinas canallas. Envenenado, con la mano libre hundida en la boca, mordiéndome luego las muñecas, tuve el último momento de claridad: una certeza sin juicio, intraducible, cautivadora, lentamente dichosa, de que sí, que muy bien, que perfectamente hermano, que este final era mío, que mi aniquilación era mía, que bastaba que yo pedaleara más fuerte y ganara esa carrera para que se la jugara a mi muerte, que hasta yo mismo podía administrar lo poco que me quedaba de cuerpo, esos dedos palpitantes de mis pies, afiebrados, finales, dedos ángeles pezuñas tentáculos, dedos garras bisturíes, dedos apocalípticos, dedos definitivos, deditos de mierda, y tirar el timón a cualquier lado, este u oeste, norte o sur, cara y sello, o nada, o tal vez permanecer siempre nortesuresteoestecarasello, moviéndome inmóvil, contundente. Entonces me llené la cara con esta mano y me abofeteé el sudor y me volé la cobardía; ríete imbécil me dije, ríete poco hombre, carcajéate porque estás solo en la punta, porque nadie mete finito como tú la pata para la curva del descenso.

113

Y de un último encumbramiento que me venía desde las plantas llenando de sangre linda, bulliciosa, caliente, los muslos y las caderas y el pecho y la nuca y la frente, de un coronamiento, de una agresión de mi cuerpo a Dios, de un curso irresistible, sentí que la cuesta aflojaba un segundo y abrí los ojos y se los aguanté al sol, y entonces sí las llantas se despidieron humosas y chirriantes, las

cadenas cantaron, el manubrio se fue volando como una cabeza de
pájaro, agudo contra el cielo, y los rayos de la rueda hacían al sol
mil pedazos y los tiraban por toda parte, y entonces oí, ¡oí Dios
mío!, a la gente avivándome sobre camionetas, a los muchachitos
que chillaban al borde de la curva del descenso, al altoparlante
dando las ubicaciones de los cinco primeros puestos; y mientras
venía la caída libre, salvaje sobre el nuevo asfalto, uno de los or-
ganizadores me baldeó de pé a pá riéndose, y veinte metros adelante, chorreando, riendo, fácil, alguien me miró, una chica colori-
na, y dijo "mojado como joven pollo", y ya era hora de dejarme de
pamplinas, la pista se resbalaba, y era otra vez, tiempo de ser inteligente, de usar el freno, de ir bailando la curva como un tango o
un vals a toda orquesta.

Ahora el viento que yo iba inventando (el espacio estaba sereno
y transparente) me removía la tierra de las pupilas, y casi me
desnuco cuando torcí el cogote para ver quién era el segundo. El
rucio, por supuesto. Pero a menos que tuviera pacto con el diablo,
podría superarme en el descenso, y nada más que por un motivo
bien simple que aparece técnicamente explicado en las revistas de
deportes y que puede resumirse así: yo nunca utilizaba el freno de
mano, me limitaba a planificar el zapato en las llantas cuando se
esquinaban las curvas. Vuelta a vuelta, era la única fiera compacta
de la ciudad con mi bicicleta. Los fierros, las latas, el cuero, el sillín,
los ojos, el foco, el manubrio, eran un mismo argumento con mi
lomo, mi vientre, mi rígido montón de huesos.

Atravesé la meta y me descolgué de la bici sobre la marcha.
Aguanté los palmoteos en el hombro, los abrazos del entrenador,
las fotos de los cabros de "Estadio", y liquidé la Coca-Cola de una
zampada. Después tomé la máquina y me fui bordeando la cuneta rumbo al departamento.

Una vacilación tuve frente a la puerta, una última desconfianza,
tal vez la sombra de una incertidumbre, el pensamiento de que todo

hubiera sido una trampa, un truco, como si el destello de la Vía Láctea, la multiplicación del sol en las calles, el silencio, fueran la sinopsis de una película que no se daría jamás, ni en el centro, ni en los biógrafos de barrio, ni en la imaginación de ningún hombre.

Apreté el timbre, dos, tres veces, breve y dramático. Papá abrió la puerta, apenitas, como si hubiera olvidado que vivía en una ciudad donde la gente va de casa en casa golpeando portones, apretando timbres, visitándose.

—¿Mamá? —pregunté.

El viejo amplió la abertura, sonriendo.

—Está bien —me pasó la mano por la espalda e indicó el dormitorio—. Entra a verla.

Carraspeé que era un escándalo y me di vuelta en la mitad del pasillo.

—¿Qué hace?

—Está almorzando —repuso papá.

Avancé hasta el lecho, sigiloso, fascinado por el modo elegante en que iba echando las cucharadas de sopa entre los labios. Su piel estaba lívida y las arrugas de la frente se le habían metido un centímetro más adentro, pero cuchareaba con gracia, con ritmo, con... hambre.

Me senté en la punta del lecho, absorto.

—¿Cómo te fue? —preguntó, pellizcando una galleta de soda.

Esgrimí una sonrisa de película.

—Bien, mamá, bien.

El chal rosado tenía un fideo de cabello de ángel sobre la solapa. Me adelanté a retirarlo. Mamá me suspendió la mano en el movimiento, y me besó dulcemente la muñeca.

—¿Cómo te sientes, vieja?

Me pasó ahora la mano por la nuca, y luego me ordenó las mechas sobre la frente.

—Bien hijito. Hazle un favor a tu madre, ¿quieres?

La consulté con las cejas.

—Ve a buscar un poco de sal. Esta sopa está desabrida.

Me levanté, y antes de dirigirme al comedor, pasé por la cocina a ver a mi padre.

—¿Hablaste con ella? ¿Está animada, cierto?

Lo quedé mirando mientras me rascaba con fruición el pómulo.

—¿Sabes lo que quiere, papá? ¿Sabes lo que mandó a buscar?

Mi viejo echó una bocanada de humo.

—Quiere sal, viejo. Quiere sal. Dice que está desabrida la sopa, y que quiere sal, ¿comprendes?

Giré de un envión sobre los talones y me dirigí al aparador en busca del salero. Cuando me disponía a retirarlo, vi la ponchera destapada en el centro de la mesa. Sin usar el cucharón, metí hasta el fondo un vaso, y chorreándome sin lástima, me instalé el líquido en el fondo de la barriga. Sólo cuando vino la resaca, me percaté que estaba un poco picadito. Culpa del viejo de mierda que no aprende nunca a ponerle la tapa de la cacerola al ponche. Me serví otro trago, qué iba a hacerle.

Iván Egüez

CONCIENCIA
BREVE

ECUADOR

IVÁN EGÜEZ nació en Quito en 1944. Estudió periodismo en la Universidad Central del Ecuador y en el Centro Internacional de Estudios Superiores de Periodismo para América Latina, habiendo publicado variados artículos y ensayos en más de una docena de revistas latinoamericanas y europeas.

Como periodista y escritor ha sido invitado a participar en diversos certámenes internacionales de carácter cultural, representando a su país.

Ha sido merecedor del premio Nacional de Literatura en 1975. Ha publicado varios libros, haciendo sido algunos de ellos traducidos al inglés, francés y otros idiomas. Entre éstos figuran: *Calibre catapulta* (poesía, 1969); *La arena pública y loquera es lo-que-era* (poesía, 1972); *Buscavida rifamuerte* (poesía, 1975); *La Linares* (novela, 1976); *El triple salto* (cuentos, 1981); *El Poder del Gran Señor* (novela, 1985); *Pájara la memoria* (novela, 1985); *Poemas* (poesía, 1988) y *Ánima pávora* (cuentos, 1990).

En mi país existe un maestro del cuento,
se llama José De la Cuadra y perteneció a la "Generación del 30".
Él decía que el cuento es como el pisar del gallo,
y creo que no se equivocó en su imagen;
el cuento debe ser uno de principio a fin,
debe atar al lector, no dejarle respiro,
ser incisivo como una espuela.
El lector debe quedar indefenso pero con las alas abiertas.
En el caso de "Conciencia Breve",
creo que está dada una tensión in crescendo,
hasta llegar a un final imprevisto, inesperado.
Siguiendo los consejos de Quiroga,
el cuento debe tener no sólo un ahorro de elementos
sino que todos ellos deben existir en función del final.
En cuanto al lenguaje,
creo que hay que procurar ser lo más directo,
evitar la hojarasca y los rodeos que distraen al lector,

que no lo dejan concentrarse en el asunto principal.
Finalmente quiero confesar que,
en "Conciencia Breve",
busqué una dosis de humor,
pues la literatura latinoamericana es,
en general, demasiado solemne.

*Extracto de los comentarios vertidos por
el autor para esta edición.*

Conciencia Breve

ESTA MAÑANA Claudia y yo salimos, como siempre, rumbo a nuestros empleos en el cochecito que mis padres nos regalaron hace diez años por nuestra boda. A poco sentí un cuerpo extraño junto a los pedales. ¿Una cartera? ¿Un…? De golpe recordé que anoche fui a dejar a María a casa y el besito candoroso de siempre en las mejillas se nos corrió, sin pensarlo, a la comisura de los labios, al cuello, a los hombros, a la palanca de cambios, al corset, al asiento reclinable, en fin.

Estás distraído, me dijo Claudia cuando casi me paso el semáforo. Después siguió mascullando algo pero yo ya no la atendía. Me sudaban las manos y sentí que el pie, desesperadamente, quería transmitir el don del tacto a la suela de mi zapato para saber exactamente qué era aquello, para aprehenderlo sin que ella notara nada. Finalmente logré pasar el objeto desde el lado del acelerador hasta el lado del embrague. Lo empujé hacia la puerta con el ánimo de abrirla en forma sincronizada para botar eso a la calle. Pese a las maromas que hice, me fue imposible. Decidí entonces distraer a Claudia y tomar aquello con la mano para lanzarlo por la ventana. Pero Claudia estaba arrimada a su puerta, prácticamente virada hacia mí. Comencé a desesperar. Aumenté la velocidad y a poco vi por el retrovisor un carro de la policía. Creí conveniente acelerar para separarme de la patrulla policial pues si veían que eso salía por la ventanilla podían imaginarse cualquier cosa.

121

—¿Por qué corres? me inquirió Claudia, al tiempo que se acomodaba de frente como quien empieza a presentir un choque. Vi que la policía quedaba atrás por lo menos con una cuadra. Entonces aprovechando que entrábamos al redondel le dije a Claudia saca la mano que voy a virar a la derecha. Mientras lo hizo, tomé el cuerpo extraño: era un zapato leve, de tirillas azules y alto cambrión. Sin pensar dos veces lo tiré por la ventanilla. Bordeé ufano el redondel, sentí ganas de gritar, de bajarme para aplaudirme, para festejar mi hazaña, pero me quedé helado viendo en el retrovisor nuevamente a la policía. Me pareció que se detenían, que recogían el zapato, que me hacían señas.

—¿Qué te pasa? me preguntó Claudia con su voz ingenua.

—No sé, le dije, esos chapas son capaces de todo.

Pero el patrullero curvó y yo seguí recto hacia el estacionamiento de la empresa donde trabajaba Claudia. Atrás de nosotros frenó un taxi haciendo chirriar los neumáticos. Era otra atrasada, una de esas que se terminan de maquillar en el taxi.

—Chao amor, me dijo Claudia, mientras con su piecito juguetón buscaba inútilmente su zapato de tirillas azules.

Augusto Monterroso

LA RANA QUE QUERÍA SER UNA RANA AUTÉNTICA

GUATEMALA

AUGUSTO MONTERROSO nació en Guatemala, Centro América, en 1921. Su formación fue autodidacta. Participó en la llamada "Generación del 40", grupo de escritores y artistas jóvenes que, en aquel entonces, buscaban un cambio cultural y socio-político para el país. Fue cofundador de la revista literaria *Acento*. Participó en la lucha popular que derrotó la dictadura de Ubico y posteriormente, tuvo que salir al exilio acogido por la bandera mexicana. En 1954 se reintegra a Guatemala como miembro del cuerpo diplomático, pero continúa viviendo fuera del país. Ha recibido numerosas distinciones entre las que destacan el Primer Premio de Cuento Nacional Saker-ti (Guatemala, 1952), el Premio de Literatura Magda Donato (México, 1970) y el Premio Xavier Villaurrutia (México, 1975). Entre sus libros destacan: *La oveja negra y demás fábulas, Animales y hombres, Movimiento perpetuo, Viaje al centro de la fábula* y *Obras completas (y otros cuentos)*.

Al principio, cuando era joven,
creía que uno tenía que inventar todo,
que todo tenía que proceder de la imaginación.
Me costó mucho comprender que era al contrario,
que en la realidad es donde están
las posibilidades para escribir.

—¿Una entrevista refleja al escritor real o a sus máscaras?
—No creo que haya un solo ser humano que no las esté usando
y cambiando constantemente, según las circunstancias.
Algunas máscaras son más permanentes que otras,
pero siempre estarán ahí.
El escritor ha dejado de ser un hombre que diga verdades
al decirle al lector: "Yo soy igual que tú, también tengo dudas".
Hay que estar constantemente advirtiéndole al lector:
"No vayas a creer que yo estoy tratando de enseñarte algo,
yo tampoco sé" y ahí intervienen
de forma esencial la ironía y el humor.

—*Usted ha vivido muchos años de exilio,*
pero ¿se mantenía al margen de la realidad social al escribir?
—A los dieciocho años descubrí la vida de fuera,
los billares, las cantinas.
La reflexión, trabajo y contacto con otros jóvenes
me llevó a tener conciencia clara de la situación política.
Pero tener esa conciencia, en el caso de un escritor,
no significa que la esté pronunciando constantemente en sus textos.
Mi formación fue autodidacta.
Dominé la escritura breve tachando.
La concisión es algo elegante.
No se trata de suprimir palabras.
Hay que dejar las indispensables
para que la cosa además de tener sentido, suene bien.

Extractos de la entrevista publicada en la revista guatemalteca
Crónica *(N.° 122, abril 1990) y del texto de contracarátula*
del libro Obras Completas (y otros cuentos), *México:*
SEP (Serie Lecturas mexicanas, N.° 32) 1986.

La Rana que quería ser una Rana Auténtica

Había una vez una Rana que quería ser una Rana auténtica, y todos los días se esforzaba en ello.

Al principio se compró un espejo en el que se miraba largamente buscando su ansiada autenticidad.

Unas veces parecía encontrarla y otras no, según el humor de ese día o de la hora, hasta que se cansó de esto y guardó el espejo en un baúl.

Por fin pensó que la única forma de conocer su propio valor estaba en la opinión de la gente, y comenzó a peinarse y a vestirse y a desvestirse (cuando no le quedaba otro recurso) para saber si los demás la aprobaban y reconocían que era una Rana auténtica.

Un día observó que lo que más admiraban de ella era su cuerpo, especialmente sus piernas, de manera que se dedicó a hacer sentadillas y a saltar para tener unas ancas cada vez mejores, y sentía que todos la aplaudían.

Y así seguía haciendo esfuerzos hasta que, dispuesta a cualquier cosa para lograr que la consideraran una Rana auténtica, se dejaba arrancar las ancas, y los otros se las comían, y ella todavía alcanzaba a oír con amargura cuando decían que qué buena Rana, que parecía Pollo.

José Emilio Pacheco

LA

REINA

MÉXICO

JOSÉ EMILIO PACHECO nació en la ciudad de México en 1939. Siguió estudios de Derecho y Letras en la Universidad Autónoma, donde también empezó su carrera literaria y su labor periodística. En 1958 publica *La sangre de Medusa*, un breve libro con dos cuentos, editado por el gran narrador mexicano Juan José Arreola. Años después, su obra se acrecienta con *El viento distante* (cuentos, 1963); la novela *Morirás lejos* (1967); el libro de relatos *El principio del placer* (1972) y su segunda novela *Las batallas en el desierto*. Pacheco es también un excelente poeta; son cinco los poemarios que ha publicado hasta la fecha: *Los elementos de la noche* (1963), *El reposo del juego* (1966), *No me preguntes cómo pasa el tiempo* (1969), *Irás y no volverás* (1976) e *Islas a la deriva* (1976). Estos libros están reunidos en el volumen *Tarde o temprano*. Posteriormente, han aparecido *Los trabajos del mar, Miro la tierra, Ciudad de la memoria* y una compilación de poemas traducidos: *Aproximaciones*.

Dicen que por las mañanas lee los periódicos
y que nada se le va.
Que al mediodía lee poemas,
novelas, ensayos, crítica y nada se le va.
Por la noche mira la televisión con su hija más pequeña y nada se le va.
La vasta información de José Emilio Pacheco
ha tenido una influencia decisiva en su vida profesional y familiar.
A los diecinueve años abandona de manera definitiva,
por cuestiones ideológicas, la carrera de abogado,
y empieza entonces a recorrer la calles de su ciudad natal,
la ciudad de México, y a escribir sobre sus rodillas
a todas horas y en cualquier lugar.
Recoge con avidez y precisión lo que observa
desde la ventanilla del camión o desde la banca del parque.
Empezó a capturar lo que le rodeaba desde muy pequeño,
desde que interrumpía con preguntas impertinentes
las conversaciones de "sus mayores",
desde que su abuela le enseñara a leer y lo introdujera

131

a la literatura clásica mucho antes de asistir a la escuela.
La literatura narrativa de Pacheco
oscila entre el costumbrismo y el testimonio de la crisis,
hace la crítica del tiempo moderno
y regresa a desmenuzar con nostalgia los temas del mundo clásico.
Ha sido colaborador en múltiples revistas,
investigador y catedrático de varias universidades en el extranjero,
antólogo, traductor, crítico.
José Emilio Pacheco hurga, investiga, lee,
camina por las calles y produce su obra:
periodismo cultural, cuentos, novelas,
teatro, adaptaciones cinematográficas.
Pero el centro animador de su obra literaria es la poesía,
de la cual ha publicado más de catorce libros.

Extracto del texto "José Emilio Pacheco:
naufragio en el desierto", de
Elena Poniatowska, publicado en
el suplemento Semanal *, Nueva época, N.° 62,*
La Jornada, *México, 19 de agosto de 1990.*

La Reina

Oh reina, rencorosa y enlutada...

PORFIRIO BARBA JACOB

ADELINA apartó el rizador de pestañas y comenzó a aplicarse el rimmel. Una línea de sudor manchó su frente. La enjugó con un clínex y volvió a extender el maquillaje. Eran las diez de la mañana. Todo lo impregnaba el calor. Un organillero tocaba el vals *Sobre las olas*. Lo silenció el estruendo de un carro de sonido en que vibraban voces incomprensibles. Adelina se levantó del tocador, abrió el ropero y escogió un vestido floreado. La crinolina ya no se usaba pero, según la modista, no había mejor recurso para ocultar un cuerpo como el suyo.

Se contempló indulgente en el espejo. Atravesó el patio interior entre las macetas y los bates de beisbol, las manoplas y gorras que Óscar dejó como para estorbarle el camino, entró en el baño y subió a la balanza. Se descalzó. Pisó de nuevo la cubierta de hule junto a los números. Se quitó el vestido y probó por tercera vez. La balanza marcaba 80 kilos. Debía estar descompuesta: era el mismo peso registrado una semana atrás al iniciar los ejercicios y la dieta.

Caminó otra vez por el patio que era más bien un pozo de luz con vidrios traslúcidos. Un día, como predijo Óscar, el patio iba a desplomarse si Adelina no adelgazaba. Se imaginó cayendo en la tienda de ropa. Los turcos, inquilinos de su padre, la detestaban. Cómo iban a reírse Aziyadé y Nadir al verla sepultada bajo metros y metros de popelina.

Al llegar al comedor vio como por vez primera los lánguidos

133

retratos familiares: ella a los seis meses, triunfadora en el concurso "El bebé más robusto de Veracruz". A los nueve años, en el teatro Clavijero, declamando *Madre o mamá* de Juan de Dios Peza. Óscar, recién nacido, flotante en un moisés enorme, herencia de su hermana. Óscar, el año pasado, pítcher en la Liga Infantil del Golfo. Sus padres el día de la boda, él aún con uniforme de cadete. Guillermo en la proa del *Durango,* ya con gorra e insignias de capitán. Guillermo en el acto de estrechar la mano al señor presidente en ocasión de unas maniobras navales. Hortensia al fondo, con sombrilla, tan ufana de su marido y tan cohibida por hallarse entre la esposa del gobernador y la diputada Goicochea. Adelina, quince años, bailando con su padre el vals *Fascinación*. Qué día. Mejor ni acordarse. Quién la mandó invitar a las Osorio. Y el chambelán que no llegó al Casino: prefirió arriesgar su carrera y exponerse a la hostilidad de Guillermo —su implacable y marcialmente sádico profesor en la Heroica Escuela Naval— antes que hacer el ridículo valsando con Adelina.

—Qué triste es todo —se oyó decirse—. Ya estoy hablando sola. Es por no desayunarme—. Fue a la cocina. Se preparó en la licuadora un batido de plátanos y leche condensada. Mientras lo saboreaba hojeó *Huracán de amor*. No había visto ese número de "La Novela Semanal", olvidado por su madre junto a la estufa.

—Hortensia es tan envidiosa… ¿Por qué me seguirá escondiendo sus historietas y sus revistas como si yo todavía fuera una niñita?

"No hay más ley que nuestro deseo", afirmaba un personaje en *Huracán de amor*. Adelina se inquietó ante el torso desnudo del hombre que aparecía en el dibujo. Pero nada comparable a cuando encontró en el portafolios de su padre *Corrupción en el internado para señoritas* y *La seducción de Lisette*. Si Hortensia —o peor: Guillermo— la hubieran sorprendido…

Regresó al baño. En vez de cepillarse los dientes se enjuagó con Listerine y se frotó los incisivos con la toalla. Cuando iba hacia su cuarto sonó el teléfono.

—Gorda...

—¿Qué quieres, pinche enano maldito?

—Cálmate, gorda, es un recado de *our father*. ¿Por qué amaneciste tan furiosa, Adelina? Debes de haber subido otros cien kilos.

—Qué te importa, idiota, imbécil. Ya dime lo que vas a decirme. Tengo prisa.

—¿Prisa? Ah sí, seguramente vas a desfilar como reina del carnaval en vez de Leticia ¿no?

—Mira, estúpido, esa *negra*, débil mental, no es reina ni es nada. Lo que pasa es que su familia compró todos los votos y ella se acostó hasta con el barrendero de la Comisión Organizadora. Así quién no.

—La verdad, gorda, es que te mueres de envidia. Qué darías por estar ahora arreglándote para el desfile como Leticia.

—¿El desfile? Ja, ja, no me importa el desfile. Tú, Leticia y todo el carnaval me valen una pura chingada.

—Qué lindo vocabulario. Dime dónde lo aprendiste. No te lo conocía. Ojalá te oigan mis papás.

—Vete al carajo.

—Ya cálmate, gorda. ¿Qué te pasa? ¿De cuál fumaste? Ni me dejas hablar... Mira, dice mi papá que vamos a comer aquí en Boca del Río con el vicealmirante; que de una vez va ir a buscarte la camioneta porque luego, con el desfile, no va a haber paso.

—No, gracias. Dile que tengo mucho que estudiar. Además ese viejo idiota del vicealmirante me choca. Siempre con sus bromitas y chistecitos imbéciles. Pobre de mi papá: tiene que celebrárselos.

—Haz lo que te dé la gana, pero no tragues tanto ahora que nadie te vigila.

—Cierra el hocico y ya no estés chingando.

135

—¿A que no le contestas así a mi mamá? ¿A que no, verdad? Voy a desquitarme, gorda maldita. Te vas a acordar de mí, bola de manteca.

Adelina colgó furiosa el teléfono. Sintió ganas de llorar. El calor la rodeaba por todas partes. Abrió el ropero infantil adornado con calcomanías de Walt Disney. Sacó un bolígrafo y un cuaderno rayado. Fue a la mesa del comedor y escribió:

Queridísimo Alberto:
Por milésima vez hago en este cuaderno una carta
que no te mandaré nunca y siempre te dirá las mismas cosas.
Mi hermano acaba de insultarme por teléfono y mis papás no
me quisieron llevar a Boca del Río. Bueno, Guillermo
seguramente quiso; pero Hortensia lo domina. Ella me odia,
por celos, porque ve cómo me adora mi papá y cuánto se
preocupa por mí.
Aunque si me quisiera tanto como yo creo ya me hubiera
mandado a España, a Canadá, a no sé dónde, lejos de este
infierno que mi alma, sin ti, ya no soporta.

Se detuvo. Tachó "que mi alma, sin ti, ya no soporta."

136

Alberto mío, dentro de un rato voy a salir. Te veré de nuevo,
por más que no me mires, cuando pases en el carro alegórico
de Leticia. Te lo digo de verdad: Ella no te merece. Te ves
tan... tan, no sé cómo decirlo, con tu uniforme de cadete. No ha
habido en toda la historia un cadete como tú. Y Leticia no es
tan guapa como supones. Sí, de acuerdo, tal vez sea atractiva,
no lo niego: por algo llegó a ser reina del carnaval. Pero su
tipo resulta, ¿cómo te diré?, muy vulgar, muy corriente. ¿No te
parece?

Y es tan coqueta. Se cree muchísimo. La conozco desde que estábamos en kinder. Ahora es íntima de las Osorio y antes hablaba muy mal de ellas. Se juntan para burlarse de mí porque soy más inteligente y saco mejores calificaciones. Claro, es natural: no ando en fiestas ni cosas de ésas, los domingos no voy a dar vueltas al zócalo, ni salgo todo el tiempo con muchachos. Yo sólo pienso en ti, amor mío, en el instante en que tus ojos se volverán al fin para mirarme.

Pero tú, Alberto, ¿me recuerdas? Seguramente ya te has olvidado de que nos conocimos hace dos años —acababas de entrar en la Naval— una vez que acompañé a mi papá a Antón Lizardo. Lo esperé en la camioneta. Tú estabas arreglando un yip y te acercaste. No me acuerdo de ningún otro día tan hermoso·como aquel en que nuestras vidas se encontraron para ya no separarse jamás.

Tachó "para ya no separarse jamás".

Conversamos muy lindo mucho tiempo. Quise dejarte como recuerdo mi radio de transistores. No aceptaste. Quedamos en vernos el domingo para ir al zócalo y a tomar un helado en el "Yucatán".

Te esperé todo el día ansiosamente. Lloré tanto esa noche… Pero luego comprendí: no llegaste para que nadie dijese que tu interés en cortejarme era por ser hija de alguien tan importante en la Armada como mi padre.

137

En cambio, te lo digo sinceramente, nunca podré entender por qué la noche del fin de año en el Casino Español bailaste todo el tiempo con Leticia y cuando me acerqué y ella nos presentó dijiste: "mucho gusto".

Alberto: se hace tarde. Salgo a tu encuentro. Sólo unas palabras antes de despedirme. Te prometo que esta vez sí adelgazaré y en el próximo carnaval, como lo oyes, yo voy a ser ¡LA REINA! (Mi cara no es fea, todos lo dicen.) ¿Me llevarás

a nadar a Mocambo, donde una vez te encontré con Leticia?
(Por fortuna ustedes no me vieron: estaba en traje de baño y
corrí a esconderme entre los pinos.)
Ah, pero el año próximo, te juro, tendré un cuerpo más
hermoso y más esbelto que el suyo. Todos los que nos miren te
envidiarán por llevarme del brazo.
Chao, amor mío. Ya falta poco para verte. Hoy como siempre
es toda tuya.

Adelina

Volvió a su cuarto. Al ver la hora en el despertador de Bugs Bunny
dejó sobre la cama el cuaderno en que acababa de escribir, retocó
el maquillaje ante el espejo, se persignó y bajó a toda prisa las
escaleras de mosaico. Antes de abrir la puerta del zaguán respiró el
olor a óxido y humedad. Pasó frente a la sedería de los turcos:
Aziyadé y Nadir no estaban; sus padres se disponían a cerrar.

En la esquina se encontró a dos compañeros de equipo de su
hermano. (¿No habían ido con él a Boca del Río?) Al verla maquillada le preguntaron si iba a participar en el concurso de disfraces
o había lanzado su candidatura para Rey Feo.

Respondió con una mirada de furia. Se alejó taconeando bajo el
olor a pólvora de buscapiés, palomas y brujas. No había tránsito: la
gente caminaba por la calle tapizada de serpentinas, latas y cascos
de cerveza. Encapuchados, mosqueteros, payasos, legionarios ro-
manos, ballerinas, circasianas, amazonas, damas de la corte, piratas, napoleones, astronautas, guerreros aztecas y grupos y familias
con máscaras, gorritos de cartón, sombreros zapatistas o sin disfraz
avanzaban hacia la calle principal.

Adelina apretó el paso. Cuatro muchachas se volvieron a verla y
la dejaron atrás. Escuchó su risa unánime y pensó que se estarían
burlando de ella como los amigos de Óscar. Luego caminó entre las
mesas y los puestos de los portales, atestados de marimbas, conjun-

tos jarochos, vendedores de jaibas rellenas, billeteros de la Lotería Nacional.

No descubrió a ningún conocido pero advirtió que varias mujeres la miraban con sorna. Pensó en sacar el espejito de su bolsa para ver si, inexperta, se había maquillado en exceso. Por vez primera empleaba los cosméticos de su madre. Pero ¿dónde se ocultaría para mirarse?

Con grandes dificultades llegó a la esquina elegida. El calor y el estruendo informe, la promiscua contigüidad de tantos extraños le provocaban un malestar confuso. Entre aplausos apareció la descubierta de charros y chinas poblanas. Bajo gritos y música desfiló la comparsa inicial: los jotos vestidos de pavos reales. Siguieron mulatos disfrazados de vikingos, guerreros aztecas cubiertos de serpentinas, estibadores con bikinis y penachos de rumbera.

Desfilaron cavernarios, kukluxklanes, la corte de Luis XV con sus blancas pelucas entalcadas y sus falsos lunares, Blanca Nieves y los Siete Enanos (Adelina sentía que la empujaban y la manoseaban), Barbazul en plena tortura y asesinato de sus mujeres, Maximiliano y Carlota en Chapultepec, pieles rojas, caníbales teñidos de betún y adornados con huesos humanos (la transpiración humedecía su espalda), Romeo y Julieta en el balcón de Verona, Hitler y sus mariscales llenos de monóculos y suásticas, gigantes y cabezudos, James Dean al frente de sus rebeldes sin causa, Pierrot, Arlequín y Colombina, doce Elvis Presleys que trataban de cantar en inglés y moverse como él. (Adelina cerró los ojos ante el brillo del sol y el caos de épocas, personajes, historias.)

139

Empezaron los carros alegóricos, unos tirados por tractores, otros improvisados sobre camiones de redilas: el de la Cervecería Moctezuma, Miss México, Miss California, notablemente aterrada por lo que veía como un desfile salvaje, las Orquídeas del Cine Nacional, el Campamento Gitano —niñas que lloriqueaban por el calor, el miedo de caerse y la forzada inmovilidad—, el Idilio de los Volcanes según el calendario de Helguera, la Conquista de México, las Mil y una Noches, pesadilla de cartón, lentejuelas y trapos.

La sobresaltaron un aliento húmedo de tequila y una caricia envolvente: —Véngase, mamasota, que aquí está su rey—. Adelina, enfurecida, volvió la cabeza. Pero ¿hacia quién, cómo descubrir al culpable entre la multitud burlona o entusiasmada? Los carros alegóricos seguían desfilando: los Piratas en la Isla del Tesoro, Sangre Jarocha, Guadalupe la Chinaca, Raza de Bronce, Cielito Lindo, la Adelita, la Valentina y Pancho Villa, los Buzos en el país de las sirenas, los astronautas y los extraterrestres.

Desde un inesperado balcón las Osorio, muertas de risa, se hicieron escuchar entre las músicas y gritos del carnaval: —Gorda, gorda: sube. ¿Qué andas haciendo allí abajo, revuelta con la plebe y los chilangos? La gente decente de Veracruz no se mezcla con los fuereños, mucho menos en carnaval.

Todo el mundo pareció descubrirla, observarla, repudiarla. Adelina tragó saliva, apretó los labios: Primero muerta que dirigirles la palabra a las Osorio. Por fin, el carro de la reina y sus princesas. Leticia Primera en su trono bajo las espadas cruzadas de los cadetes. Alberto junto a ella muy próximo. Leticia toda rubores, toda sonrisitas, entre los bucles artificiales que sostenían la corona de hojalata. Leticia saludando en todas direcciones, enviando besos al aire.

140

—Cómo puede cambiar la gente cuando está bien maquillada —se dijo Adelina. El sol arrancaba destellos a la bisutería del cetro, la corona, el vestido. Atronaban aplausos y gritos de admiración. Leticia Primera recibía feliz la gloria que iba a durar unas cuantas horas, en un trono destinado a amanecer en un basurero. Sin embargo Leticia era la reina y estaba cinco metros por encima de quien la observaba con odio.

—Ojalá se caiga, ojalá haga el ridículo delante de todos, ojalá de tan apretado le estalle el disfraz y vean el relleno de hulespuma en sus tetas —murmuró entre dientes Adelina, ya sin temor de ser escuchada.

—Ya verá, ya verá el año que entra: los lugares van a cambiarse. Leticia estará aquí abajo muerta de envidia y... —Una bolsa de papel arrojada desde quién sabe dónde interrumpió el monólogo sombrío: se estrelló en su cabeza y la bañó de anilina roja en el preciso instante en que pasaba frente a ella la reina. La misma Leticia no pudo menos que descubrirla entre la multitud y reírse. Alberto quebrantó su pose de estatua y soltó una risilla.

Fue un instante. El carro se alejaba. Adelina se limpió la cara con las mangas del vestido. Alzó los ojos hacia el balcón en que las Osorio manifestaban su pesar ante el incidente y la invitaban a subir. Entonces la bañó una nube de confeti que se adhirió a la piel humedecida. Se abrió paso, intentó correr, huir, hacerse invisible.

Pero el desfile había terminado. Las calles estaban repletas de chilangos, de jotos, de mariguanos, de hostiles enmascarados y encapuchados que seguían arrojando confeti a la boca de Adelina entreabierta por el jadeo, bailoteaban para cerrarle el paso, aplastaban las manos en sus senos, desplegaban espantasuegras en su cara, la picaban con varitas labradas de Apizaco.

Y Alberto se alejaba cada vez más. No descendía del carro para defenderla, para vengarla, para abrirle camino con su espada. Y Guillermo, en Boca del Río, ya aturdido por la octava cerveza, festejaba por anticipado los viejos chistes eróticos del vicealmirante. Y bajo unas máscaras de Drácula y de Frankenstein surgían Aziyadé y Nadir, la acosaban en su huida, le cantaban, humillante y angustiosamente cantaban, un estribillo improvisado e interminable: —A Adelina / le echaron anilina / por no tomar Delgadina. / Poor noo toomaar Deelgaadiinaa.

Y los abofeteó y pateó y los niños intentaron pegarle y un Sata-

141

nás y una Doña Inés los separaron. Aziyadé y Nadir se fueron canturreando el estribillo. Adelina pudo continuar la fuga hasta que al fin abrió la puerta de su casa, subió las escaleras y halló su cuarto en desorden: Óscar estuvo allí con sus amigos de la novena de beisbol, Óscar no se quedó en Boca del Río, Óscar volvió con su pandilla, Óscar también anduvo en el desfile.

Vio el cuaderno en el suelo, abierto y profanado por los dedos de Óscar, las manos de los otros. En las páginas de su última carta estaban las huellas digitales, la tinta corrida, las grandes manchas de anilina roja. Cómo se habrán burlado, cómo se estarán riendo ahora mismo, arrojando bolsas de anilina a las caras, puñados de confeti a las bocas, rompiendo huevos podridos en las cabezas, valiéndose de la impunidad conferida por sus máscaras y disfraces.

—Maldito, puto, enano cabrón, hijo de la chingada. Ojalá te peguen. Ojalá te den en toda la madre y regreses chillando como un perro. Ojalá te mueras. Ojalá se mueran tú y la puta de Leticia y las pendejas de las Osorio y el cretino cadetito de mierda y el pinche carnaval y el mundo entero.

Y mientras hablaba, gritaba, gesticulaba con doliente furia, rompía su cuaderno de cartas, pateaba los pedazos, arrojaba contra la pared el frasco de maquillaje, el pomo de rimmel, la botella de Colonia Sanborns.

Se detuvo. En el espejo enmarcado por figuras de Walt Disney miró su pelo rubio, sus ojos verdes, su cara lívida cubierta de anilina, grasa, confeti, sudor, maquillaje y lágrimas. Y se arrojó a la cama llorando, demoliéndose, diciéndose:

—Ya verán, ya verán el año que entra.

Sergio Ramírez

El Centerfielder

N I C A R A G U A

S ERGIO RAMÍREZ nació en Masatepe, Nicaragua, el año 1942. Se graduó de abogado en la Universidad de León. Encabezó con Fernando Gordillo el grupo *Ventana* que publicó la revista del mismo nombre entre 1960 y 1964. De 1973 a 1975 vivió en Alemania. Designado primero como miembro de la Junta de Reconstrucción Nacional de Nicaragua, posteriormente fue elegido Vice Presidente del gobierno de Nicaragua.

Ha publicado *Cuentos* (Managua, 1963); *Nuevos cuentos* (León, 1969); *Tiempo de fulgor* (novela, Guatemala, 1970); *Mariano Fiallos* (biografía, León, 1971); *De Tropeles y Tropelías* (fábulas políticas, San Salvador, 1972); *El pensamiento vivo de Sandino* (documentos, San José de Costa Rica, 1974); *Charles Atlas también muere* (cuentos, México, 1976); *¿Te dio miedo la sangre?* (novela, Caracas, 1977) y *Castigo Divino* (novela, Managua, 1988).

U sted comenzó escribiendo cuentos
  o escribiendo poesías?
—Escribiendo poesías, como es la regla,
pero me pasé a la minoría,
porque en Nicaragua la regla es la poesía,
y los que escribimos narrativa somos muy pocos.
Nos contamos con los dedos de las dos manos.
Yo preferí la narrativa como una forma
de referirme a la realidad del país,
y he pretendido en los cuentos y en las novelas
tratar de reflejar lo que es la realidad de Nicaragua,
las contradicciones, tratando de hacerlo
en un lenguaje literario.

145

Extracto de la entrevista publicada en el libro:
Formalmente informal *de Orlando Castellanos.*
La Habana: Ediciones Unión, 1989.

El Centerfielder

EL FOCO pasó sobre las caras de los presos una y otra vez, hasta que se detuvo en un camastro donde dormía de espaldas un hombre con el dorso desnudo, reluciente de sudor.

—Ese es, abrí— dijo el guardia asomándose por entre los barrotes.

Se oyó el ruido de la cerradura herrumbrada resistiéndose a la llave que el carcelero usaba amarrada a la punta de un cable eléctrico, con el que rodeaba su cintura para sostener los pantalones. Después dieron con la culata del garand sobre las tablas del camastro, y el hombre se incorporó, una mano sobre los ojos porque le hería la luz del foco.

—Arriba, te están esperando.

A tientas comenzó a buscar la camisa; se sentía tiritar de frío aunque toda la noche había hecho un calor insoportable, y los reos estaban durmiendo en calzoncillos, o desnudos. La única hendija en la pared estaba muy alta y el aire se quedaba circulando en el techo. Encontró la camisa y en los pies desnudos se metió los zapatos sin cordones.

—Ligerito —dijo el guardia.

—Ya voy, que no ve.

—Y no me bostiqués palabra, ya sabés.

—Ya sé qué.

—Bueno, vos sabrás.

El guardia lo dejó pasar de primero.

—Caminá —le dijo, y le tocó las costillas con el cañón del rifle. El frío del metal le dio repelos.

Salieron al patio y al fondo, junto a la tapia, las hojas de los almendros brillaban con la luz de la luna. A las doce de la noche estarían degollando las reses en el rastro al otro lado del muro, y el aire traía el olor a sangre y estiércol.

Qué patio más hermoso, para jugar beisbol. Aquí deben armarse partidos entre los presos, o los presos con los guardias francos. La barda será la tapia, unos trescientos cincuenta pies desde el home hasta el centerfield. Un batazo a esas profundidades habría que fildearlo corriendo hacia los almendros, y después de recoger la bola junto al muro el cuadro se vería lejano y la gritería pidiendo el tiro se oiría como apagada, y vería al corredor doblando por segunda cuando de un salto me cogería de una rama y con una flexión me montaría sobre ella y de pie llegaría hasta la otra al mismo nivel del muro erizado de culos de botellas y poniendo con cuidado las manos primero, pasaría el cuerpo asentando los pies y aunque me hiriera al descolgarme al otro lado caería en el montarascal donde botan la basura, huesos y cachos, latas, pedazos de silletas, trapos, periódicos, animales muertos y después correría espinándome en los cardos, caería sobre una corriente de agua de talayo pero me levantaría, sonando atrás duras y secas, como sordas, las estampidas de los garands.

—Páreseme allí. ¿Adónde crees vos que vas?

—Ideay, a mear.

—Te estás meando de miedo, cabrón.

147

Era casi igual la plaza, con los guarumos junto al atrio de la iglesia y yo con mi manopla patrullando el centerfielder, el único de los fielderes que tenía una manopla de lona era yo y los demás tenían que coger a mano pelada, y a las seis de la tarde seguía fildeando aunque casi no se veía pero no se me iba ningún batazo, y sólo por su rumor presentía la bola que venía como una paloma a caer en mi mano.

—Aquí está capitán —dijo el guardia asomando la cabeza por la puerta entreabierta. Desde dentro venía el zumbido del aparato de aire acondicionado.

—Métalo y váyase.

Oyó que la puerta era asegurada detrás de él y se sintió como enjaulado en la habitación desnuda, las paredes encaladas, sólo un retrato en un marco dorado y un calendario de grandes números rojos y azules, una silleta en el centro y al fondo la mesa del capitán. El aparato estaba recién metido en la pared porque aún se veía el repello fresco.

—¿A qué horas lo agarraron? —dijo el capitán sin levantar la cabeza.

Se quedó en silencio, confundido, y quiso con toda el alma que la pregunta fuera para otro, alguien escondido debajo de la mesa.

—Hablo con usted, o es sordo: ¿A qué horas lo capturaron?

—Despuesito de las seis, creo —dijo, tan suavemente que pensó que el otro no lo había escuchado.

—¿Por qué cree que despuesito de las seis? ¿No me puede dar una hora fija?

—No tengo reloj, señor, pero ya había cenado y yo como a las seis.

Vení cená me gritaba mi mamá desde la acera. Falta un inning, mamá, le contestaba, ya voy. Pero hijo, no ves que ya está obscuro, qué vas a seguir jugando. Si ya voy, sólo falta una tanda, y en la iglesia comenzaban los violines y el armonio a tocar el rosario, cuando venía la bola a mis manos para sacar el último out y habíamos ganado otra vez el juego.

—¿A qué te dedicás?

—Soy zapatero.

—¿Trabajás en taller?

—No, hago remiendos en mi casa.

—¿Pero vos fuiste beisbolero, o no?

—Sí, fui.

—¿Te decían "Matraca" Parrales, verdad?

—Sí, así me decían, era por mi modo de tirar a home, retorciendo el brazo.

—Y ¿estuviste en la selección que fue a Cuba?

—Sí, hace veinte años, fui de centerfielder.

—Pero te botaron.

—A la vuelta.

—Eras medio famoso con ese tu tiro a home que tenías.

Iba a sonreírse pero el otro lo quedó mirando con ira.

La mejor jugada fue una vez que cogí un fly en las gradas del atrio, de espaldas al cuadro metí la manopla y caí de bruces en las gradas con la bola atrapada y me sangró la lengua pero ganamos la partida y me llevaron en peso a mi casa y mi mamá echando las tortillas, dejó la masa y se fue a curarme llena de orgullo y de lástima, vas a quedarte burro pero atleta, hijo.

149

—Y ¿por qué te botaron del equipo?

—Porque se me cayó un fly y perdimos.

—¿En Cuba?

—Jugamos contra la selección de Aruba; era una palomita que se me zafó de las manos y entraron dos carreras, perdimos.

—Fueron varios los que botaron.

—La verdad, tomábamos mucho, y en el juego, no se puede.

—Ah.

"Permiso" quería decir, para sentarse, porque sentía que las canillas se le aflojaban, pero se quedó quieto en el mismo lugar, como si le hubieran untado pega en las suelas de los zapatos.

El capitán comenzó a escribir y duró siglos. Después levantó la cabeza y sobre la frente le vio la roja señal del kepis.

—¿Por qué te trajeron?

Sólo levantó los hombros y lo miró desconcertado.

—Ajá, ¿por qué?

—No —respondió.

—¿No qué?

—No, no sé.

—Ah, ¿no sabés?

—No.

—Aquí tengo tu historia —y le mostró un folder; puedo leerte algunos pasajes para que sepás de tu vida —dijo poniéndose de pie.

Desde el fondo del campo el golpe de la bola contra el guante del cátcher se escucha muy lejanamente, casi sin sentirse.

Pero cuando alguien conecta, el golpe seco del bate estalla en el oído y todos los sentidos se agudizan para esperar la bola. Y si el batazo es de aire y viene a mis manos, voy esperándola con amor, con paciencia, bailando debajo de ella hasta que llega a mí y poniendo las manos a la altura de mi pecho la aguardo como para hacerle un nido.

—El viernes 28 de julio a las cinco de la tarde, un jeep willys capota de lona, color verde se paró frente a tu casa y de él bajaron dos hombres; uno moreno, pantalón kaki, de anteojos obscuros; el otro chele, pantalón bluyín, sombrero de pita; el de anteojos llevaba un valijín de la panamerican y el otro un salbeque de guardia. Entraron a tu casa y salieron hasta las diez de la noche, ya sin el valijín ni el salbeque.

—El de anteojos —dijo e iba a seguir pero sintió necesidad de tragar una cantidad infinita de saliva— sucede que era mi hijo, el de anteojos.

—Eso ya lo sé.

Hubo otro silencio y sintió que los pies se le humedecían dentro de los zapatos, como si acabara de cruzar una corriente.

—En el valijín que te dejaron había parque para ametralladora de sitio y el salbeque estaba lleno de fulminantes. Ahora, ¿cuánto tiempo hacía que no veías a tu hijo?

—Meses —susurró.

—Levantáme la voz, que no oigo nada.

—Meses, no sé cuántos, pero meses. Desapareció un día de su trabajo en la mecatera y no lo volvimos a ver.

—¿Ni te afligiste por él?

—Claro, un hijo es un hijo. Preguntamos, indagamos, pero nada.

Se ajustó la dentadura postiza, porque sintió que se le estaba zafando.

151

—¿Pero vos sabías que andaba enmontañado?

—Nos llegaban los rumores.

—Y cuando se apareció en el jeep, ¿qué pensaste?

—Que volvía. Pero sólo saludó y se fue, cosa de horas.

—Y que le guardaran las cosas.

—Sí, que iba a mandar por ellas.

—Ah.

Del folder sacó más papeles escritos a máquina en una letra morada. Revisó y al fin tomó uno que puso sobre la mesa.

—Aquí dice que durante tres meses estuviste pasando parque, armas cortas, fulminantes, panfletos y que en tu casa dormían los enemigos del gobierno.

No dijo nada. Sólo sacó un pañuelo para sonarse las narices. Debajo de la lámpara se veía flaco y consumido, como reducido a su esqueleto.

—Y ¿no te dabas cuenta de nada, verdad?

—Ya ve, los hijos —dijo.

—Los hijos de puta, como vos.

Bajó la cabeza y miró a sus zapatos sucios, la lengüeta suelta, las suelas llenas de lodo.

—¿Cuánto hace?

—¿Qué?

—¿Que no ves a tu hijo?

Lo miró al rostro y sacó de nuevo su pañuelo.

—Usted sabe que ya lo mataron. ¿Por qué me pregunta?

El último inning del juego con Aruba, 0 a 0, dos out y la bola blanca venía como flotando a mis manos, fui a su encuentro, la esperé, extendí los brazos e íbamos a encontrarnos para siempre cuando pegó en el dorso de mi mano, quise asirla en la caída pero rebotó y de lejos vi al hombre barriéndose en home y todo estaba perdido, mamá, necesitaba agua tibia en mis heridas porque siempre vos lo supiste, siempre tuve coraje para fildear aunque dejara la vida.

—Uno quiere ser bueno a veces, pero no se puede dijo el capitán rodeando la mesa. Metió el folder en la gaveta y se volvió para apagar el aparato de aire acondicionado. El repentino silenció inundó el cuarto. De un clavo descolgó una toalla y se la arrolló al pescuezo.

—Sargento— llamó.

El sargento se cuadró en la puerta y cuando sacaron al preso volvió ante el capitán.

—¿Qué pongo en el parte? —preguntó.

—Era beisbolista, así que inventate cualquier babosada: que estaba jugando con los otros presos, que estaba de centerfielder, que le llegó un batazo contra el muro, que aprovechó para subirse al almendro, que se saltó la tapia, que corriendo en el solar del rastro lo tiramos.

Alfredo Bryce Echenique

Con Jimmy, en Paracas

PERÚ

ALFREDO BRYCE ECHENIQUE nació en Lima el año 1939. Realizó estudios de abogacía en la Universidad Mayor de San Marcos, pero prefirió orientarse hacia la literatura, disciplina en la que se doctoró por la ya mencionada universidad. Siguió cursos de postgrado en la Universidad de la Sorbona de París. Su primera publicación fue *Huerto cerrado* (1968), libro de cuentos al que se otorgó una mención especial en el Concurso de Casa de las Américas, de La Habana. Posteriormente ha publicado: *Un mundo para Julius* (1970), novela unánimemente destacada por la crítica y traducida a varias lenguas; *La felicidad, ja, ja* (cuentos, 1974); *Tantas veces Pedro* (novela, 1977); *A vuelo de buen cubero* (1977), crónicas de un viaje por el sur de los Estados Unidos; *La vida exagerada de Martín Romaña* (novela, 1981); *El hombre que hablaba de Octavia de Cádiz* (novela, 1985); *Magdalena peruana* (cuentos, 1987); *La última mudanza de Felipe Carrillo* (novela, 1988) y *Dos señoras conversan* (novela, 1990).

Yo escribo un poco como hablo y hablo sin técnica.
Hablo con mucha emoción, eso sí.
Pongo mucho en cada palabra,
a veces me juego íntegro en una frase.
Cuando escribí *Huerto cerrado*
andaba con terror ante los maestros del cuento
y entonces sí que enfrenté
muchos problemas técnicos para los cuales
apenas tenía soluciones. Pero un día me di cuenta
de que también se podía escribir como a uno le daba la gana
y cuando escribí *Un mundo para Julius* partí de "la nada técnica".
Trabajo mucho cuando estoy trabajando,
es decir, cuando estoy escribiendo.
Trabajo diariamente cuatro o cinco horas,
pero puedo pasar, y desde luego paso,
largas temporadas sin escribir.
El otoño y la primavera son dos buenas épocas para escribir,
pero si lo iniciado en otoño ha cobrado fuerza,

es posible seguir a lo largo del invierno.
Digamos que trabajo por periodos de ocho a nueve meses
y en verano lo abandono todo para viajar.
Es importante leer mucho cuando uno escribe
y una mala novela puede enseñar tanto como una buena,
aunque, desde luego, hay el peligro de que quita entusiasmo.
Hay que "convivir" con los personajes
y poner algo de uno mismo en cada uno de ellos.
Mi método sería el siguiente:
escribir unas cuatro o cinco cuartillas diarias
(aunque hay días en que se escribe menos o nada),
releerlas al día siguiente, botarlas en muchos casos
y volverlas a escribir agregando otras tantas cuartillas;
así, sucesivamente.
Corrijo poquísimo, pues creo que la mejor palabra
es la que se encuentra en la emoción de la lucha.

Extracto de la entrevista "Preguntas a Alfredo Bryce",
realizada por Wolfgang Luchting y publicada
en Textual, N.ᵒˢ 5-6, Lima, diciembre de 1972.

Con Jimmy, en Paracas

Lo estoy viendo; realmente es como si lo estuviera viendo; allí está sentado, en el amplio comedor veraniego, de espaldas a ese mar donde había rayas, tal vez tiburones. Yo estaba sentado al frente suyo, en la misma mesa, y, sin embargo, me parece que lo estuviera observando desde la puerta de ese comedor, de donde ya todos se habían marchado, ya sólo quedábamos él y yo, habíamos llegado los últimos, habíamos alcanzado con las justas el almuerzo.

Esta vez me había traído; lo habían mandado sólo por el fin de semana. Paracas no estaba tan lejos: estaría de regreso a tiempo para el colegio, el lunes. Mi madre no había podido venir; por eso me había traído. Me llevaba siempre a sus viajes cuando ella no podía acompañarlo, y cuando podía volver a tiempo para el colegio. Yo escuchaba cuando le decía a mamá que era una pena que no pudiera venir, la compañía le pagaba la estadía, le pagaba hotel de lujo para dos personas. "Lo llevaré", decía, refiriéndose a mí. Creo que yo le gustaba para esos viajes.

Y a mí, ¡cómo me gustaban esos viajes! Esta vez era a Paracas. Yo no conocía Paracas, y cuando mi padre empezó a arreglar la maleta, el viernes por la noche, ya sabía que no dormiría muy bien esa noche, y que me despertaría antes de sonar el despertador.

Partimos ese sábado muy temprano, pero tuvimos que perder mucho tiempo en la oficina, antes de entrar en la carretera al sur. Parece que mi padre tenía todavía cosas que ver allí, tal vez recibir las últimas instrucciones de su jefe. No sé; yo me quedé esperándolo afuera, en el auto, y empecé a temer que llegaríamos mucho más tarde de lo que habíamos calculado.

Una vez en la carretera, eran otras mis preocupaciones. Mi padre manejaba, como siempre, despacísimo; más despacio de lo que mamá le había pedido que manejara. Uno tras otro, los automóviles nos iban dejando atrás, y yo no miraba a mi padre para que no se fuera a dar cuenta de que eso me fastidiaba un poco, en realidad me avergonzaba bastante. Pero nada había que hacer, y el viejo Pontiac, ya muy viejo el pobre, avanzaba lentísimo, anchísimo, negro e inmenso, balanceándose como una lancha sobre la carretera recién asfaltada.

A eso de la mitad del camino, mi padre decidió encender la radio. Yo no sé qué le pasó; bueno, siempre sucedía lo mismo, pero sólo probó una estación, estaba tocando una guaracha, y apagó inmediatamente sin hacer ningún comentario. Me hubiera gustado escuchar un poco de música, pero no le dije nada. Creo que por eso le gustaba llevarme en sus viajes; yo no era un muchachillo preguntón; me gustaba ser dócil; estaba consciente de mi docilidad. Pero eso sí, era muy observador.

Y por eso lo miraba de reojo, y ahora lo estoy viendo manejar. Lo veo jalarse un poquito el pantalón desde las rodillas, dejando aparecer las medias blancas, impecables, mejores que las mías, porque yo todavía soy un niño; blancas e impecables porque estamos yendo a Paraças, hotel de lujo, lugar de veraneo, mucha plata y todas esas cosas. Su saco es el mismo de todos los viajes fuera de Lima, gris, muy claro, sport; es norteamericano y le va a durar toda la vida. El pantalón es gris, un poco más oscuro que el saco, y la camisa es la camisa vieja más nueva del mundo; a mí nunca me va durar una camisa como le duran a mi padre.

Y la boina; la boina es vasca; él dice que es vasca de pura cepa. Es para los viajes; para el aire, para la calvicie. Porque mi padre es calvo, calvísimo, y ahora que lo estoy viendo ya no es un hombre alto. Ya aprendí que mi padre no es un hombre alto, sino más bien bajo. Es bajo y muy flaco. Bajo, calvo y flaco, pero yo entonces tal vez no lo veía aún así, ahora ya sé que sólo es el hombre más bueno de la tierra, dócil como yo, en realidad se muere de miedo de sus jefes; esos jefes que lo quieren tanto porque hace siete millones de años que no llega tarde ni se enferma ni falta a la oficina; esos jefes que yo he visto cómo le dan palmazos en la espalda y se pasan la vida felicitándolo en la puerta de la iglesia los domingos; pero a mí hasta ahora no me saludan, y mi padre se pasa la vida diciéndole a mi madre, en la puerta de la iglesia los domingos, que las mujeres de sus jefes son distraídas o no la han visto, porque a mi madre tampoco la saludan, aunque a él, a mi padre, no se olvidaron de mandarle sus saludos y felicitaciones cuando cumplió un millón de años más sin enfermarse ni llegar tarde a la oficina, la vez aquella en que trajo esas fotos en que, estoy seguro, un jefe acababa de palmearle la espalda, y otro estaba a punto de palmeársela; y esa otra foto en que ya los jefes se habían marchado del cocktail, pero habían asistido, te decía mi padre, y volvía a mostrarte la primera fotografía.

Pero todo esto es ahora en que lo estoy viendo, no entonces en que lo estaba mirando mientras llegábamos a Paracas en el Pontiac. Yo me había olvidado un poco del Pontiac, pero las paredes blancas del hotel me hicieron verlo negro, ya muy viejo el pobre, y tan ancho. "Adónde va a caber esta mole", me preguntaba, y estoy seguro de que mi padre se moría de miedo al ver esos carrazos, no lo digo por grandes, sino por la pinta. Si les daba un topetón, entonces habría que ver de quién era ese carrazo, porque mi padre era muy señor, y entonces aparecería el dueño, veraneando en Paracas con sus amigos, y tal vez conocía a los jefes de mi padre, había oído hablar de él "no ha pasado nada, Juanito" (así se llamaba, se llama mi padre), y lo iban a llenar de palmazos en la espalda, luego vendrían

161

los aperitivos, y a mí no me iban a saludar, pero yo actuaría de acuerdo a las circunstancias y de tal manera que mi padre no se diera cuenta de que no me habían saludado. Era mejor que mi madre no hubiera venido.

Pero no pasó nada. Encontramos un sitio anchísimo para el Pontiac negro, y al bajar, así sí que lo vi viejísimo. Ya estábamos en el hotel de Paracas, hotel de lujo y todo lo demás. Un muchacho vino hasta el carro por la maleta. Fue la primera persona que saludamos. Nos llevó a la recepción y allí mi padre firmó los papeles de reglamento, y luego preguntó si todavía podíamos "almorzar algo" (recuerdo que así dijo). El hombre de la recepción, muy distinguido, mucho más alto que mi padre, le respondió afirmativamente: "Claro que sí señor. El muchacho lo va a acompañar hasta su "bungalow", para que usted pueda lavarse las manos, si lo desea. Tiene usted tiempo, señor; el comedor cierra dentro de unos minutos, y su 'bungalow' no está muy alejado." No sé si mi papá, pero yo todo eso de 'bungalow' lo entendí muy bien, porque estudio en colegio inglés y eso no lo debo olvidar en mi vida y cada vez que mi papá estalla, cada mil años, luego nos invita al cine, grita que hace siete millones de años que trabaja enfermo y sin llegar tarde para darle a sus hijos lo mejor, lo mismo que a los hijos de sus jefes.

El muchacho que nos llevó hasta el "bungalow" no se sonrió mucho cuando mi padre le dio la propina, pero ya yo sabía que cuando se viaja con dinero de la compañía no se puede andar derrochando, si no, pobres jefes, nunca ganarían un céntimo y la compañía quebraría en la mente respetuosa de mi padre, que se estaba lavando las manos mientras yo abría la maleta y sacaba alborotado mi ropa de baño. Fue entonces que me enteré, él me lo dijo, que nada de acercarme al mar, que estaba plagado de rayas, hasta había tiburones. Corrí a lavarme las manos, por eso de que dentro de unos minutos cierran el comedor, y dejé mi ropa de baño tirada sobre la cama. Cerramos la puerta del "bungalow" y fuimos avanzando hacia el comedor. Mi padre también, aunque menos, creo que era observador; me señaló la piscina, tal vez por eso de la ropa de baño. Era hermoso Paracas; tenía de desierto, de oasis, de balneario; arena, palmeras, flores, veredas y caminos por donde chicas que yo no me atrevía a mirar, pocas ya, las últimas, las más atrasadas, se iban perezosas a dormir esa siesta de quien ya se acostumbró al hotel de lujo. Tímidos y curiosos, mi padre y yo entramos al comedor.

Y es allí, sentado de espaldas al mar, a las rayas y a los tiburones, es allí donde lo estoy viendo, como si yo estuviera en la puerta del comedor, y es que en realidad yo también me estoy viendo sentado allí, en la misma mesa, cara a cara a mi padre y esperando al mozo ese, que a duras penas contestó a nuestro saludo, que había ido a traer el menú (mi padre pidió la carta y él dijo que iba por el menú) y que según papá debería habernos cambiado de mantel, pero era mejor no decir nada porque, a pesar de que ése era un hotel de lujo, habíamos llegado con las justas para almorzar. Yo casi vuelvo a saludar al mozo cuando regresó y le entregó el menú a mi padre que entró en dificultades y pidió, finalmente, corvina a la no sé cuántos, porque el mozo ya llevaba horas esperando. Se largó con el pedido y mi padre, sonriéndome, puso la carta sobre la mesa, de tal manera que yo podía leer los nombres de algunos platos, un montón de nombres franceses en realidad, y entonces pensé, aliviándome, que algo terrible hubiera podido pasar, como aquella vez en ese restaurante de tipo moderno, con un menú que parecía para norteamericanos, cuando mi padre me pasó la carta para que yo pidiera, y empezó a contarle al mozo que él no sabía inglés, pero que a su hijo lo estaba educando en colegio inglés, a sus otros hijos también, costara lo que costara, y el mozo no le prestaba ninguna atención, y movía la pierna porque ya se quería largar.

Fue entonces que mi padre estuvo realmente triunfal. Mientras el mozo venía con las corvinas a la no sé cuántos, mi padre empezó a hablar de darnos un lujo, de que el ambiente lo pedía, y de que la

163

compañía no iba a quebrar si él pedía una botellita de vino blanco
para acompañar esas corvinas. Decía que esa noche a las siete era
la reunión con esos agricultores, y que le comprarían los tractores
que le habían encargado vender; él nunca le había fallado a la
compañía. En ésas estaba cuando el mozo apareció complicándo-
se la vida en cargar los platos de la manera más difícil, eso parecía
un circo, y mi padre lo miraba como si fuera a aplaudir, pero gracias
a Dios reaccionó y tomó una actitud bastante forzada, aunque
digna, cuando el mozo jugaba a casi tirarnos los platos por la cara,
en realidad era que los estaba poniendo elegantemente sobre la
mesa y que nosotros no estábamos acostumbrados a tanta cosa. "Un
blanco no sé cuántos", dijo mi padre. Yo casi lo abrazo por esa palabra en francés que acababa de pronunciar, esa marca de vino, ni
siquiera había pedido la carta para consultar, no, nada de eso; lo
había pedido así no más, triunfal, conocedor, y el mozo no tuvo más
remedio que tomar nota y largarse a buscar.

Todo marchaba perfecto. Nos habían traído el vino y ahora recuerdo ese momento de feliz equilibrio: mi padre sentado de espaldas al mar, no era que el comedor estuviera al borde del mar, pero
el muro que sostenía esos ventanales me impedía ver la piscina y la
playa, y ahora lo que estoy viendo es la cabeza, la cara de mi padre,
sus hombros, el mar allá atrás, azul en ese día de sol, las palmeras
por aquí y por allá, la mano delgada y fina de mi padre sobre la
botella fresca de vino, sirviéndome media copa, llenando su copa,
"bebe despacio, hijo", ya algo quemado por el sol, listo a acceder,
extrañando a mi madre, buenísimo, y yo ahí, casi chorreándome
con el jugo ese que bañaba la corvina, hasta que vi a Jimmy. Me
chorreé cuando lo vi. Nunca sabré por qué me dio miedo verlo.
Pronto lo supe.

Me sonreía desde la puerta del comedor, y yo lo saludé, mirando
luego a mi padre para explicarle quién era, que estaba en mi clase,
etc.; pero mi padre, al escuchar su apellido, volteó a mirarlo son-

riente, me dijo que lo llamara, y mientras cruzaba el comedor, que conocía a su padre, amigo de sus jefes, uno de los directores de la compañía, muchas tierras en esa región...

—Jimmy, papá. —Y se dieron la mano.

—Siéntate, muchacho —dijo mi padre, y ahora recién me saludó a mí.

Era muy bello; Jimmy era de una belleza extraordinaria: rubio, el pelo en anillos de oro, los ojos azules achinados, y esa piel bronceada, bronceada todo el año, invierno y verano, tal vez porque venía siempre a Paracas. No bien se había sentado, noté algo que me pareció extraño: el mismo mozo que nos odiaba a mi padre y a mí, se acercaba ahora sonriente, servicial, humilde, y saludaba a Jimmy con todo respeto; pero éste, a duras penas le contestó con una mueca. Y el mozo no se iba, seguía ahí, parado, esperando órdenes, buscándolas, yo casi le pido a Jimmy que lo mandara matarse. De los cuatro que estábamos ahí, Jimmy era el único sereno.

Y ahí empezó la cosa. Estoy viendo a mi padre ofrecerle a Jimmy un poquito de vino en una copa. Ahí empezó mi terror.

—No, gracias —dijo Jimmy—. Tomé vino con el almuerzo.
—Y sin mirar al mozo, le pidió un whisky.

Miré a mi padre: los ojos fijos en el plato, sonreía y se atragantaba un bocado de corvina que podía tener millones de espinas. Mi padre no impidió que Jimmy pidiera ese whisky, y ahí venía el mozo casi bailando con el vaso en una bandeja de plata, había que verlo sonreírse al hijo de puta. Y luego Jimmy sacó un paquete de Chesterfield, lo puso sobre la mesa, encendió uno, y sopló todo el humo sobre la calva de mi padre, claro que no lo hizo por mal, lo hizo simplemente, y luego continuó bellísimo, sonriente, mirando hacia el mar, pero mi padre ni yo queríamos ya postres.

—¿Desde cuándo fumas? —le preguntó mi padre, con voz temblorosa.

165

—No sé; no me acuerdo —dijo Jimmy, ofreciéndome un cigarrillo.

—No, no, Jimmy; no...

—Fuma no más, hijito; no desprecies a tu amigo.

Estoy viendo a mi padre decir esas palabras, y luego recoger una servilleta que no se le había caído, casi recoge el pie del mozo que seguía ahí parado. Jimmy y yo fumábamos, mientras mi padre nos contaba que a él nunca le había atraído eso de fumar, y luego de una afección a los bronquios que tuvo no sé cuándo, pero Jimmy empezó a hablar de automóviles, mientras yo observaba la ropa que llevaba puesta, parecía toda de seda, y la camisa de mi padre empezó a envejecer lastimosamente, ni su saco norteamericano le iba a durar toda la vida.

—¿Tú manejas, Jimmy? —preguntó mi padre.

—Hace tiempo. Ahora estoy en el carro de mi hermana; el otro día estrellé mi carro, pero ya le va a llegar otro a mi papá. En la hacienda tenemos varios carros.

Y yo muerto de miedo, pensando en el Pontiac; tal vez Jimmy se iba a enterar que ése era el de mi padre, se iba a burlar tal vez, lo iba a ver más viejo, más ancho, más feo que yo. "¿Para qué vinimos aquí?" Estaba recordando la compra del Pontiac, a mi padre convenciendo a mamá, "un pequeño sacrificio", y luego también los sábados por la tarde, cuando lo lavábamos, asunto de familia, todos los hermanos con latas de agua, mi padre con la manguera, mi madre en el balcón, nosotros locos por subir, por coger el timón, y mi padre autoritario: "Cuando sean grandes, cuando tengan brevete", y luego, sentimental: "Me ha costado años de esfuerzo".

—¿Tienes brevete, Jimmy?

—No; no importa; aquí todos me conocen.

Y entonces fue que mi padre le preguntó que cuántos años tenía y fingió creerle cuando dijo que dieciséis, y yo también, casi le digo que era un mentiroso, pero para qué, todo el mundo sabía que

Jimmy estaba en mi clase y que yo no había cumplido aún los catorce años.

—Manolo se va conmigo —dijo Jimmy—; vamos a pasear en el carro de mi hermana.

Y mi padre cedió una vez más, nuevamente sonrió, y le encargó a Jimmy saludar a su padre.

—Son casi las cuatro —dijo—, voy a descansar un poco, porque a las siete tengo una reunión de negocios. —Se despidió de Jimmy, y se marchó sin decirme a qué hora debía regresar, yo casi le digo que no se preocupara, que no nos íbamos a estrellar.

Jimmy no me preguntó cuál era mi carro. No tuve por qué decirle que el Pontiac ese negro, el único que había ahí, era el carro de mi padre. Ahora sí se lo diría y luego, cuando se riera sarcásticamente le escupiría en la cara, aunque todos esos mozos que lo habían saludado mientras salíamos, todos esos que a mí no me hacían caso, se me vinieran encima a matarme por haber ensuciado esa maravillosa cara de monedita de oro, esas manos de primera enamorada que estaban abriendo la puerta de un carro de jefe de mi padre.

A un millón de kilómetros por hora, estuvimos en Pisco, y allí Jimmy casi atropella a una mujer en la Plaza de Armas; a no sé cuántos millones de kilómetros por hora, con una cuarta velocidad especial, estuvimos en una de sus haciendas, y allí Jimmy tomó una Coca-Cola, le pellizcó la nalga a una prima y no me presentó a sus hermanas; a no sé cuántos miles de millones de kilómetros por hora, estuvimos camino de Ica, y por allí Jimmy me mostró el lugar en que había estrellado su carro, carro de mierda ese, dijo, no servía para nada.

Eran las nueve de la noche cuando regresamos a Paracas. No sé cómo, pero Jimmy me llevó hasta una salita en que estaba mi padre bebiendo con un montón de hombres. Ahí estaba sentado, la cara satisfecha, ya yo sabía que haría muy bien su trabajo. Todos esos hombres conocían a Jimmy; eran agricultores de por ahí, y acababan de comprar los tractores de la compañía. Algunos le tocaban el pelo a Jimmy y otros se dedicaban al whisky que mi padre estaba invitando en nombre de la compañía. En ese momento mi padre empezó a contar un chiste, pero Jimmy lo interrumpió para decirle que me invitaba a comer. "Bien, bien; dijo mi padre. Vayan nomás."

Y esa noche bebí los primeros whiskies de mi vida, la primera copa llena de vino de mi vida, en una mesa impecable, con un mozo que bailaba sonriente y constante alrededor de nosotros. Todo el mundo andaba elegantísimo en ese comedor lleno de luces y de carcajadas de mujeres muy bonitas, hombres grandes y colorados que deslizaban sus manos sobre los anillos de oro de Jimmy, cuando pasaban hacia sus mesas. Fue entonces que me pareció escuchar el final del chiste que había estado contando mi padre, le puse cara de malo, y como que lo encerré en su salita con esos burdos agricultores que venían a comprar su primer tractor. Luego, esto sí que es extraño, me deslicé hasta muy adentro en el mar, y desde allí empecé a verme navegando en un comedor en fiesta, mientras un mozo me servía arrodillado una copa de champagne, bajo la mirada achinada y azul de Jimmy.

Yo no le entendía muy bien al principio; en realidad no sabía de qué estaba hablando, ni qué quería decir con todo eso de la ropa interior. Todavía lo estaba viendo firmar la cuenta; garabatear su nombre sobre una cifra monstruosa y luego invitarme a pasear por la playa. "Vamos", me había dicho, y yo lo estaba siguiendo a lo largo del malecón oscuro, sin entender muy bien todo eso de la ropa interior. Pero Jimmy insistía, volvía a preguntarme qué calzoncillos usaba yo, y añadía que los suyos eran así y asá, hasta que nos sentamos en esas escaleras que daban a la arena y al mar. Las olas reventaban muy cerca y Jimmy estaba ahora hablando de órganos genitales, órganos genitales masculinos solamente, y yo, sentado a su lado, escuchándolo sin saber qué responder, tratando de ver las rayas y los tiburones de que hablaba mi padre, y de pronto corriendo hacia ellos porque Jimmy acababa de ponerme una mano sobre la pierna. "¿Cómo la tienes, Manolo?" dijo, y salí disparado.

Estoy viendo a Jimmy alejarse tranquilamente; regresar hacia la luz del comedor y desaparecer al cabo de unos instantes. Desde el borde del mar, con los pies húmedos, miraba hacia el hotel lleno de luces y hacia la hilera de "bungalows", entre los cuales estaba el mío. Pensé en regresar corriendo, pero luego me convencí de que era una tontería, de que ya nada pasaría esa noche. Lo terrible sería que Jimmy continuara por allí, al día siguiente, pero por el momento, nada; sólo volver y acostarme.

Me acercaba al "bungalow" y escuché una carcajada extraña. Mi padre estaba con alguien. Un hombre inmenso y rubio zamaqueaba el brazo de mi padre, lo felicitaba, le decía algo de eficiencia, y ¡zas! le dio el palmazo en el hombro. "Buenas noches, Juanito", le dijo. "Buenas noches, don Jaime", y en ese instante me vio.

—Mírelo; ahí está. ¿Dónde está Jimmy, Manolo?

—Se fue hace un rato, papá.

—Saluda al padre de Jimmy.

—¿Cómo estás muchacho? O sea que Jimmy se fue hace rato; bueno, ya aparecerá. Estaba felicitando a tu padre; ojalá tú salgas a él. Lo he acompañado hasta su "bungalow".

—Don Jaime es muy amable.

—Bueno, Juanito, buenas noches. —Y se marchó, inmenso.

Cerramos la puerta del "bungalow" detrás nuestro. Los dos habíamos bebido, él más que yo, y estábamos listos para la cama. Ahí estaba todavía mi ropa de baño, y mi padre me dijo que mañana por la mañana podría bañarme. Luego me preguntó que si había pasado un buen día, que si Jimmy era mi amigo en el colegio, y que si mañana lo iba a ver; y yo a todo: "Sí, papá, sí papá", hasta que apagó la luz y se metió en la cama, mientras yo, ya acostado, buscaba

169

un dolor de estómago para quedarme en cama mañana, y pensé que ya se había dormido. Pero no. Mi padre me dijo, en la oscuridad, que el nombre de la compañía había quedado muy bien, que él había hecho un buen trabajo, estaba contento mi padre. Más tarde volvió a hablarme; me dijo que don Jaime había estado muy amable en acompañarlo hasta la puerta del "bungalow" y que era todo un señor. Y como dos horas más tarde, me preguntó: "Manolo, ¿qué quiere decir 'bungalow' en castellano?"

170

Magaly García Ramis

FLOR
DE COCUYO

PUERTO RICO

MAGALI GARCÍA RAMIS nació en Santurce, Puerto Rico, en 1946. Estudió Historia y Periodismo. Comenzó su carrera periodística como reportera del diario *El Mundo*. Desde 1977 es profesora en la Escuela de Comunicación de la Universidad de Puerto Rico. Años antes, en 1971, obtuvo el Premio de Cuento del Ateneo Puertorriqueño con su primer relato, "Todos los domingos". Desde entonces ha publicado narrativa y artículos en periódicos, revistas y antologías de su país y del extranjero. Tiene dos libros publicados: un volumen de cuentos titulado *La familia de todos nosotros* (1976) y la novela *Felices días, tío Sergio* (1986). Esta novela ganó el Premio del PEN Club de Puerto Rico ese año. En 1988 recibió una Beca Guggenheim para trabajar en una novela, *Las horas del sur*.

En las culturas occidentales tradicionales
se educa a la niñez con conceptos absolutos
de "lo que es bueno" y "lo que es malo".
Esta actitud, justificada por los educadores bajo la premisa de que
los niños no son capaces de comprender lo ambivalente o lo relativo,
mal prepara a uno para la vida que es,
en el mejor de los casos, un proceso sin fronteras delimitadas,
donde todo puede doler, todo puede enaltecer
y todo puede rebajar al ser humano.
Frente a esa formación, son los textos literarios
—orales, escritos, visuales— los que ofrecen a los jóvenes
una visión más apropiada de sí mismos,
de su entorno emocional, social, cultural y político.
La literatura, a pesar de ser una apropiación de la realidad,
una reinvención del mundo, es más certera
y nos nutre más que la educación formal.
Por eso reta los parámetros de las sociedades organizadas
y es, a un mismo tiempo, un espejo, una fragua y una nave.
Y para los que nacimos isla, la nave, sobre todo, nos es imprescindible.

173

Extracto de los comentarios vertidos por la autora para esta edición.

Flor de Cocuyo

S UÉTER FUSHA, falda blanca bien apretada y masitas que le
saltaban por todos lados — Clotilde era gordita ¡ay cómo era
gorda Clotilde! Y tú la veías bajar del auto amarillo chatarra
de su marido y subir las escaleras del edificio de Humanidades,
maletín en mano, mientras todos se miraban con malicia en los ojos
porque sabían que al dar la vuelta el carro con el marido de Clotilde adentro, se detendría frente a la Biblioteca y allí se montaría la
jamoncita bibliotecaria flaca (quién lo hubiera dicho), mosquita
muerta (del agua mansa líbreme dios) y no volverían hasta dos
horas más tarde todos los lunes, miércoles y viernes mientras Clotilde daba sus dos clases matutinas inglés 121, inglés 315. Sí, tú la
mirabas pasar todos esos días de tus quinto y sexto semestres uni-
versitarios y no podías evitar compararte con ella porque un día tú
también ibas a ser gordita y complaciente como Clotilde y porque
en oposición a ella tú esperabas el auto que te llevaba por dos horas
a estudiar otras cosas por las cuales no te daban créditos univer-
sitarios.

Luis se presentó en tu vida como si cualquier cosa y tú tomaste su
palabra como la de cualquier profesor; tuvo sentido lo que decía y
te gustaron las dudas que sembró en ti. ¡Casa de estudios donde se
preparaba al hombre y a la mujer a ser seres pensantes, sombras de
Ortega y Gasset, torre de marfil y de Clotilde! Lo importante no es
aprender datos, sino "sembrar dudas" te dijo Clotilde empolvada y

olorosa cuando te dio el curso de Humanidades básico en tu primer año. Y Luis te hizo dudar, te hizo temblar y te hizo dos o tres cosas más que te gustaron y buscaste tiempo en tu semestre para dárselo a él.

"¿Seminario de historia y seminario de idioma, los dos sin crédito y empezando a mediados de septiembre, cómo va a ser?" preguntó tu padre sorprendido cuando te vio cambiar de horario. Y le explicaste con esa suavidad y precisión que imitaste de tus maestros que eran requisitos especiales, que no te cargaban de más trabajo, que ibas a salir de la Universidad con mayor preparación. "Cómo ha cambiado la yupi" dijo tu padre. Todo te lo inventaste, como se inventaban a sí mismos todos los profesores esos de Humanidades. La cama de Luis era fría a las 9 de la mañana. Y el apartamento era tan cerca y las mentiras volaban tan fugaces, tan duras. Entonces regresabas a las 11 de la mañana, a tiempo para la clase de historia del siglo 19 y veías a Clotilde bajar las escaleras a esperar a su marido frente a su torre.

Te desconcertaba. Te desconcertaba ella y te desconcertó él la primera vez que le oíste porque todos los lunes, miércoles y viernes ibas con el grupo a almorzar fuera del campus. Las cunetas malolientes de Río Piedras ya no te importaban como en los primeros días porque el pueblo ahora te era simpático con todos sus sucios y sus tiendas baratitas y sus joyerías repletas de árabes y cubanos. Él te vio venir y se preparó. Se secó el sudor de las manos en los muslos, enganchó el pie derecho en el pretil que tenía detrás y te miró. Tú ibas última en la fila porque había que ir de uno en uno por la acera, y él esperó que tú pasaras para gritarte con voz sibilante "Adiós flor de ajo" tú seguiste camino, y él gritó nuevamente "y si no me miras, vete pal carajo" y tú y tus amigas abrieron la boca a reírse. Se rieron a pata suelta y él con ustedes y les caminó un poquito detrás por una cuadra y tú supiste desde esa primera vez que no debiste haberte reído porque esos tipos son unos frescos. Y

175

siguen a las muchachas. Y se meten libres por toda la Universidad. Y probablemente por eso mismo te reíste.

Te reíste tanto la vez que Luis trajo una botella de vino. "¡A las 9 de la mañana, estás loco!" Sí, te dijo, estamos locos, y se la tomaron desnudos en la cama tan fresca y tuviste que faltar a la clase de las 11 porque estabas mareada y no viste a Clotilde aquel viernes porque estabas debajo de Luis y lo único que veías era el techo con la bombilla apagada.

Para el segundo semestre te inventaste (qué bien lo aprendiste) un curso de estudios independientes del Programa de Honor al que te iban a permitir asistir por consideraciones especiales. Era a las 8 de la mañana, así que ya no veías a Clotilde llegar, sólo irse a las 11. Siempre la saludabas y ella te sonreía y por dentro le gritabas "pendeja Clotilde", ¿cómo puedes dejar que te usen?" y sabías que te lo gritabas a ti misma por lo que ibas a ser, o por lo que eras en ese momento. Tu seminario de historia y tu seminario de idiomas y tu curso de lectura independiente tomaron forma de Luis 122 y Luis 305 y Luis 465 que era el número de curso más alto que conocías y se lo pusiste de nombre porque esa hora extra con Luis era cosa de otro mundo. Él te recogía dormido, sin lavarse la cara siquiera y de la Universidad a su apartamento eran diez minutos para llegar y saltar él a la cama y seguir con el último sueñito mientras tú preparabas café y aprovechabas su sueño para hacer las asignaciones de matemáticas y no en balde la fracasaste aquel semestre pero qué le ibas a explicar a la maestra. Ellos —profesores y maestras— demandaban mucho de ti y tú, qué más da, eras de Humanidades e ibas a terminar dando clases allí porque tú sí prometías, lo sabes ¿no?, tu sí que prometías.

Él te esperó, te esperó todos los días y te diste cuenta que él sabía tus horas. Un día rompiste con tu horario acostumbrado y entraste a Río Piedras a comprar una tela y un patrón. Se encontraron de frente, él y tú, y se sonrió enseguida. Tipo sucio. Con pelo

176

abrillantado y pantalones tan apretados que parecían de plástico. ¿Qué fue lo que te dijo? nunca se lo contaste a las muchachas porque te llegó bien adentro, y respiraste hondo. Tantos años escuchando a los tipos como él decirte cosas, y ahora venía éste a impresionarte. Decidiste sin decidir, pasar siempre frente a él los lunes, miércoles y viernes. Tus amigas pasaban pero no se daban cuenta que entre los hombres parados frente al comivete aquel de la Avenida Ponce de León había uno medio flaco que siempre estaba allí. Tú sabías que él te esperaba a la hora de almuerzo. Y comenzaste a pasar frente a él alguno que otro martes, y algún jueves también y luego fue todos los días, para todos los días escuchar lo mismo en un acto completo y perfecto como completa y perfecta era tu vida universitaria, círculo de clases, preguntas, risas y costumbres... y Clotilde con sus suéteres fushas y sus ojos demasiado grandes, demasiado saltones.

Un día a las 11 el marido de Clotilde no llegó. Los rumores se mezclaban con la malicia instintiva y los compañeros decían que le habían pegado un tiro en el Departamento de Inglés. Pero era falso. La esposa de un profesor americano de esos locos era la que había corrido a su esposo, pistola en mano, por los pasillos del departamento la tarde anterior. Eso era de esperarse en el Departamento de Inglés, todos lo sabían porque cuidado que allí estaba el loco suelto, y además, en aquel sótano húmedo de techos muy bajos, los ánimos, como las pasiones, eran menos secos, menos claros. Pero el marido de Clotilde no llegó aquel día porque exactamente a las 11 menos 5 su auto amarillo se había detenido contra un poste de la luz, un pino marrón y alto, y bajo el sol candente en la Avenida Barbosa las moscas zumbaban alrededor de la cara ensangrentada del marido de Clotilde, del cuerpo del marido de Clotilde agarrado al guía del auto que era su único medio de escapar de Clotilde. Dijeron (todo siempre se sabía en la universidad) que la bibliotecaria (quién lo hubiera dicho) corrió del carro luego del

177

accidente (ella no se hizo nada) y regresó a pie a la Biblioteca un poco sudada y nada más, porque esa tarde llegaba un envío importante de libros para ser trasladados a la Biblioteca de Ciencias Naturales. Importantes libros de química orgánica, de ciencias físicas, de biología, y se sentó, claro que un poco nerviosa, a catalogarlos, mujer jamoncita, mosquita muerta, amante muerto.

Desde entonces Clotilde llegó y se fue en taxi, y cambió sus horas: llegaba a las 11 y se iba a la 1. Siempre llamaba a la compañía de taxis blancos y turquesas y se bajaba con recién aprendido ritmo de la parte de atrás del carro, ella que siempre había viajado adelante. El luto lo llevó muy poco tiempo, y luego se le quedó tan solo en las caderas, en las faldas negras que no iba a botar y que se encasquetaba con sus suéteres fusha. Y lo único que se te ocurrió sentir cuando supiste lo de su marido fue ¡qué triste! las tradiciones universitarias no deberían terminar; te dio pena que lo conocido, las costumbres, la pose y las tradiciones fueran terminando y con ello marcando el ritmo cada vez más rápido de los años dulces y vanos de tu universidad.

Después de haber pasado casi dos semestres en la clase de Luis te empezaste a cansar de él también. Estabas haciendo la prematrícula para el cuarto año y querías cursos nuevos, nuevas dudas, nueva gente. Nunca pelearon Luis y tú, más bien se fueron secando, como la pega plástica de marcas inferiores, y llegó el momento en que nada les unía. Un lunes le dijiste que no te viniera a buscar el miércoles y le viste irse desde frente a la torre en su carrito verde oliva. Te enteraste más tarde que ahora recogía a una muchacha comecandela de Sociales, a eso de las 2 de la tarde y te pareció bien, te alegraste por él o al menos eso dijiste a tus amigas.

Te dieron el examen final de español por adelantado porque el profesor siempre que venía el calor se iba para Europa, y tú lo cogiste y te copiaste con gusto y sacaste excelente. El profesor te felicitó, aunque sospechaba algo. Porque en tus humanidades tú y todos decían sus verdades a medias, y siempre querían un semestre más para aprender la verdad y al graduarte (ya lo sabías) serías uno de ellos y te quedarías para siempre esperando otro semestre para aprender aún otro poquito más y estar más cerca de la verdad, así tenías programada una vida llena de por medio y no ibas a ser tan estúpida como Clotilde que ahora tenía que venir en taxi a la Universidad, con su vida partida por la mitad, y sus viejos hábitos echados a perder. Tú te ibas a refugiar en la vida universitaria e ibas a aprender tantas cosas para andar con la seguridad de Los que saben y mentías como todos, como todos te mentían y tú mentías y todos mentían excepto él. El tipo aquel que te esperaba todos los lunes, martes, miércoles, jueves y viernes, él era el único verdadero y tú bajabas a su verdad. Él te veía venir y sabía a lo que tú venías, cómplices los dos, los dos se miraban y con su voz pegajosa y lubricante como la saliva te lo decía a ti cuando ya estabas pasando frente a él en el juego diario "Adiós flor de cocuyo" esperaba que temblaras imperceptible y respiraras hondo y echaba la pelvis hacia adelante antes de completar su letanía: "todo lo que me cuelga es tuyo". Y te daba un alegre terror y seguías camino. Te holgabas pensando que a nadie más él decía eso, que tú eras su única flor de cocuyo como su voz sucia era tu única verdad sin duda alguna y sin Ortega y Gasset y el sonreía en mueca viscosa porque su verdad te dominaba. Entonces recordabas que tú tenías que aprovechar tus años de estudiante porque ibas a ser una gran profesional y corrías de vuelta al edificio de Humanidades, Universidad de Puerto Rico, Campus de Río Piedras a eso de la una, cuando se estaba yendo Clotilde y se le meneaban sus masitas al bajar las escaleras cargando su maletín en una mano y en el resto de su cuerpo su vida a medias.

179

René del Risco Bermúdez

AHORA QUE VUELVO, TON

REPÚBLICA DOMINICANA

RENÉ DEL RISCO BERMÚDEZ, escritor dominicano, nació en la ciudad San Pedro de Macorís, en 1937. El año 1959 abandonó sus estudios de abogacía para unirse al Movimiento Clandestino 14 de Junio, que combatía contra la dictadura de los Trujillo. Tomado preso y liberado un tiempo después, decidió exiliarse en Puerto Rico debido al constante acoso de la policía. Regresó a su país en 1961. Antes de su muerte, provocada por un accidente automovilístico, en 1972, publicó dos libros: *Viento frío* (1967) y *Del júbilo a la sangre* (1967). Sin embargo, su fama proviene de sus cuentos, premiados en más de una oportunidad en su país, y que fueron publicados en periódicos y revistas dominicanas. Dejó inconclusa su novela *El cumpleaños de Porfirio Chávez*.

Comencé a escribir cuentos cuando me di cuenta
que trataba de hacer poesía y lo que yo quería decir
ya no me era suficiente dentro del lenguaje
y la mecánica poética. Cuando vi que la poesía,
para decir las cosas que yo quería decir en ese momento,
no me valía, de un modo casi espontáneo
empecé a escribir cuento.
Pero paralelamente a eso,
he seguido haciendo poesía;
lo que pasa es que lo que puedo decir a través de la poesía
no es lo que puedo decir a través del cuento.
[…] Llega un momento en que a uno se le antoja
que la poesía es un medio muy limitado.
No estamos viviendo un auge de lo poético,
aunque sí en la narrativa,
quizás en lo que a Latinoamérica se refiere,
ello se debe a que el campo,
la visual que tiene un escritor ante sí
es tan completo, tan general,
que la propia poesía tiende a ser algo unilateral.
La poesía generalmente toma un lado de las cosas.
Por más ambicioso que sea un poema,

siempre nos muestra una parte de las situaciones.
Una novela o un relato es casi un universo;
es algo que tiene su movimiento propio, su relación de fuerzas.
Es más amplio que el poema.
Y quizás eso explique un poco mi tránsito de la poesía al cuento.

*Extractos de la entrevista concedida a Clara Leyla Alfonso,
publicada en la revista* Serie 23.
Santo Domingo, diciembre de 1972.

Ahora que vuelvo, Ton

Eras realmente pintoresco, Ton; con aquella gorra de los tigres del Licey, que ya no era azul sino berrenda, y el pantalón de kaki que te ponías planchadito los sábados por la tarde para ir a juntarte con nosotros en la glorieta del parque Salvador, a ver las paradas de los Boys Scouts en la avenida y a corretear y bromear hasta que de repente la noche oscurecía el recinto y nuestros gritos se apagaban por las calles del barrio. Te recuerdo, porque hoy he aprendido a querer a los muchachos como tú y entonces me empeño en recordar esa tu voz cansona y timorata y aquella insistente cojera que te hacía brincar a cada paso y que sin embargo no te impedía correr de home a primera, cuando Juan se te acercaba y te decía al oído *vamos a sorprenderlos, Ton; toca por tercera y corre mucho.* Como jugabas con los muchachos del cine Aurora, compartiste con nosotros muchas veces la alegría de formar aquella rueda en el box *¡rosi, rosi, sin bom-ba - Aurora - Aurora - ra - ra - ra!* y eso que tú no podías jugar todas las entradas de un partido porque había que esperar a que nos fuéramos por encima del Miramar o La Barca para *darle un chance a Ton que vino tempranito* y *no te apures, Ton que ahorita entras de emergente.*

¿Cómo llegaste al barrio? ¿Cuándo? ¿Quién te invitó a la pandilla? ¿Qué cuento de Pedro Animal hizo Toñín esa noche, Ton? ¿Serías capaz de recordar que en el radio en casa de Candelario todas las noches a las nueve *Mejoral, el calmante sin rival, pre-*

senta: Cárcel de Mujeres, y entonces alguien daba palmadas desde la puerta de una casa y ya era hora de irse a dormir, *se rompió la taza...*

Yo no sé si tú, con esa manera de mirar con un guiño que tenías cuando el sol te molestaba, podrías reconocerme ahora. Probablemente la pipa apretada entre los dientes me presta una apariencia demasiado extraña a ti, o esta gordura que empieza a redondear mi cara y las entradas cada vez más obvias en mi cabeza, han desdibujado ya lo que podría recordarse de aquel muchacho que se hacía la raya a un lado, y que algunas tardes te acompañó a ver los training de Kid Barquerito y de 22-22 en la cancha, en los tiempos en que *Barquero se va para La Habana a pelear con Acevedo* y Efraín, el entrenador, con el bigote de Joaquín Pardavé, *¡Arriba, arriba, así es, la izquierda, el recto ahora, eso es!* y tú después, apoyándote en tu pie siempre empinado, *¡can-can-can-can-can!* golpeando el aire con tus puños, bajábamos por la calle Sánchez, *¡can-can-can!* jugabas la soga contra la pared, siempre saltando por tu cojera incorregible y yo te decía *no jodas Ton* pero tú seguías y entonces, ya en pleno barrio, yo te quitaba la gorra, dejando al descubierto el óvalo grande de tu cabeza de zeppelín, aquella cabeza del *¡Ton, Melitón, cojo y cabezón!* con que el Flaco Pérez acompañaba el redoble de los tambores de los Boys Scouts para hacerte rabiar hasta el extremo de mentarle *Tumadrehijodelagranputa,* y así llegábamos corriendo, uno detrás del otro, hasta la puerta de mi casa, donde, poniéndote la gorra, decías siempre lo mismo *¡a mí no me hables!*

Para esos tiempos el barrio no estaba tan triste Ton, no caía esa luz desteñida y polvorienta sobre las casas ni este deprimente olor a tablas viejas se le pegaba a uno en la piel, como un tierno y resignado vaho de miseria, a través de las calles por donde minutos atrás yo he venido inútilmente echando de menos los ojos juntos y cejudos del Búho Pujols las latas de carbón a la puerta de la casa amarilla, el perro blanco y negro de los Pascual, la algarabía en las fiestas de cumpleaños de Pin Báez, en las que su padre tomaba cervezas con sus amigos sentado contra la pared de ladrillos, en un rincón sombrío del patio, y nosotros, yo con mi traje blanco almidonado; ahora recuerdo el bordoneo puntual y melancólico de la guitarra del Negro Alcántara, mientras alrededor del pozo corríamos y gritábamos y entre el ruido de la heladera el diente cariado de Asia salía y se escondía alternativamente en cada grito.

Era para morirse de risa, Ton, para enlodarse los zapatos, para empinarse junto al brocal y verse en el espejo negro del pozo, cara de círculos concéntricos, cabellos de helechos, salivazo en el ojo, y después *mira cómo te has puesto, cualquiera te revienta, perdiste dos botones, tigre, eso eres, un tigre, a este muchacho, Arturo, hay que quemarlo a golpes*; pero entonces éramos tan iguales, tan lo mismo, tan *fraile y convento, convento sin fraile, que vaya y que venga,* Ton, que la vida era lo mismo, *un gustazo: un trancazo*, para todos.

Claro que ahora no es lo mismo. Los años han pasado. Comenzaron a pasar desde aquel día en que miré las aguas verdosas de la zanja, cuando papá cerró el candado negro y mamá se quedó mirando la casa por el vidrio trasero del carro y yo los saludé a ustedes, a ti, a Fremio, a Juan, a Toñín, que estaban en la esquina, y me quedé recordando esa cara que pusieron todos, un poco de tristeza y de rencor, cuando aquella mañana (ocho y quince en la radio del carro) nos marchamos definitivamente del barrio y del pueblo.

Ustedes quedarían para siempre contra la pared grisácea de la pulpería de Ulises. La puya del trompo haciendo un hoyo en el pavimento, la gangorra lanzada al aire con violenta soltura, machacando a puyazos y cabezazos la moneda ya negra de rodar por la calle; no tendrían en adelante otro lugar que junto a ese muro que se iría oscureciendo con los años *a Milita se la tiró Alberto en el*

187

callejoncito del tullío escrito con carbón allí, y los días pasando con una sorda modorra que acabaría en recuerdo, en remota y desvaída imagen de un tiempo inexplicablemente perdido para siempre.

Una mañana me dio por contarle a mis amigos del barrio de San Carlos cómo eran ustedes; les dije de Fremio, que descubrió que en el piso de los vagones, en el muelle, siempre quedaba azúcar parda cuando los barcos estaban cargando, y que se podía recoger a puñados y hasta llenar una funda y sentarnos a comerla en las escalinatas del viejo edificio de aduanas; les conté también de las zambullidas en el río y llegar hasta la goleta de tres palos, encalladas en el lodo sobre uno de sus costados, y que una vez allí, con los pies en el agua, mirando el pueblo, el humo de la chimenea, las carretas que subían del puerto cargadas de mercancías, pasábamos el tiempo orinando, charlando, correteando de la popa al bauprés, hasta que en el reloj de la iglesia se hacía tarde y otra vez, braceando, ganábamos la orilla en un escandaloso chapoteo que ahora me parece estar oyendo, aunque no lo creas, Ton.

Los muchachos quedaron fascinados con nuestro mundo de manglares, de locomotoras, de ciguas, de cuevas de cangrejos, y desde entonces me hicieron relatar historias que en el curso de los días yo fui alterando poco a poco hasta llegar a atribuir a ustedes y a mí verdaderas epopeyas que yo mismo fui creyendo y repitiendo, no sé qué día en que quizá comprendí que sería completamente inútil ese afán por mostrarnos de una imagen que, como las viejas fotos, se amarilleaba y desteñía ineludiblemente. La vida fue cambiando, Ton; entonces yo me fui inclinando un poco a los libros y me interné en un extraño mundo mezcla de la Ciencia Natural de Fesquet, versos de Bécquer, y láminas de Billiken; me gustaba el camino al colegio cada mañana bajo los árboles de la avenida Independencia y el rostro de Rita Hayworth, en la pequeña y amarilla pantalla del Capitolio, me hizo olvidar a Flash Gordon y a Los Tres Chiflados. Ya para entonces papá ganaba buen dinero en su

188

puesto de la Secretaría de Educación, y nos mudamos a una casa desde donde yo podía ver el mar y a Ivette, con sus shorts a rayas y sus trenzas doradas que marcaban el vivo ritmo de sus ojos y su cabeza; con ella me acostumbré a Nat King Cole, a Fernando Fernández, a los viejos discos de los Modernaires, y aprendí a llevar el compás de sus golpes junto a la mesa de ping pong; no le hablé nunca de ustedes, esa es la verdad, quizá porque nunca hubo la oportunidad para ello o tal vez porque los días de Ivette pasaron tan rápidos, tan llenos de *ven-mira-esta es Gretchen el Pontiac de papi* —dice Albertico— *me voy a Canadá* que nunca tuve la necesidad ni el tiempo para recordarlos.

¿Tú sabes qué fue del Andrea Doria, Ton? Probablemente no lo sepas; yo lo recuerdo por unas fotos del Miami Herald y porque los muchachos latinos de la Universidad nos íbamos a un café de Coral Gables a cantar junto a jarrones de cerveza Arrivederci Roma, balanceándonos en las sillas como si fuésemos en un bote salvavidas; yo estudiaba el inglés y me gustaba pronunciar el good bye...de la canción, con ese extraño gesto de la barbilla muy peculiar en las muchachas y muchachos de aquel país. ¿Y sabes, Ton, que una vez pensé en ustedes? Fue una mañana en que íbamos a lo largo de un muelle mirando los yates y vi un grupo de muchachos despeinados y sucios que sacaban sardinas de un jarro oxidado y las clavaban a la punta de sus anzuelos, yo me quedé mirando un instante aquella pandilla y vi un vivo retrato nuestro en el muelle de Macorís, sólo que nosotros no éramos rubios, ni llevábamos zapatos tennis, ni teníamos caña de pescar, ahí se deshizo mi sueño y seguí mirando los yates en compañía de mi amigo nicaragüense, muy aficionado a los deportes marinos.

189

Y los años van cayendo con todo su peso sobre los recuerdos, sobre la vida vivida, y el pasado comienza a enterrarse en algún desconocido lugar, en una región del corazón y de los sueños en donde permanecerá, intacto tal vez, pero cubierto por la mugre de los días, sepultado bajo los libros leídos, la impresión de otros países, los apretones de manos, las tardes de fútbol, las borracheras, los malentendidos, el amor, las indigestiones, los trabajos. Por eso, Ton, cuando años más tarde me gradué de médico, la fiesta no fue con ustedes sino que se celebró en varios lugares, corriendo alocadamente en aquel Triumph sin muffler que tronaba sobre el pavimento, bailando hasta el cansancio en el Country Club, descorchando botellas en la terraza, mientras mamá traía platos de bocadillos y papá me llamaba *doctor* entre las risas de los muchachos; ustedes no estuvieron allí ni yo estuve en ánimo de reconstruir viejas y melancólicas imágenes de paredes derruidas, calles polvorientas, pitos de locomotoras y pies descalzos metidos en el agua lodosa del río, ahora los nombres eran Héctor, Fred, Américo, y hablaríamos del mal de Parkinson, de las alergias, de los test de Jung y de Adler y también de ciertas obras de Thomas Mann y François Mauriac.

Todo esto deberá serte tan extraño, Ton; te será tan *había una vez y dos son tres el que no tiene azúcar no toma café* que me parece verte sentado a horcajadas sobre el muro sucio de la Avenida, perdidos los ojos vagos entre las ramas rojas de los almendros, escuchando a Juan contar las fabulosas historias de su tío marinero que había naufragado en el canal de la Mona y que en tiempos de la guerra estuvo prisionero en un submarino alemán, cerca de Curazao. Siempre asumieron tus ojos esa vaguedad triste e ingenua cuando algo te hacía ver que el mundo tenía otras dimensiones que tú, durmiendo entre sacos de carbón y naranjas podridas, no alcanzarías a conocer más que en las palabras de Juan, o en las películas de la guagüita Bayer o en las láminas deportivas de la revista cubana Carteles.

Yo no sé cuáles serían entonces tus sueños, Ton, o si no los tenías; yo no sé si las gentes como tú tienen sueños o si la cruda conciencia de sus realidades no se los permite, pero de todos modos yo no te dejaría soñar, te desvelaría contándote todo esto para de alguna forma volver a ser uno de ustedes, aunque sea por esta tarde solamente. Ahora te diría cómo, años después, mientras hacía estudios de psiquiatría en España, conocí a Rosina, recién llegada de Italia con un grupo de excursionistas entre los que se hallaban sus dos hermanos, Piero y Francesco, que llevaban camisetas a rayas y el cabello caído sobre la frente. Nos encontramos accidentalmente, Ton, como suelen encontrarse las gentes en ciertas novelas de Françoise Sagan; tomábamos Valdepeñas en un mesón, después de una corrida de toros, y Rosina, que acostumbra a hablar haciendo grandes movimientos, levantaba los brazos y enseñaba el ombligo una pulgada más arriba de su pantalón blanco. Después sólo recuerdo que alguien volcó una botella de vino sobre mi chaqueta y que Piero cambiaba sonrisitas con el pianista en un oscuro lugar que nunca volví a encontrar. Meses más tarde, Rosina volvió a Madrid y nos alojamos en un pequeño piso al final de la Avenida Generalísimo; fuimos al fútbol, a los museos, al cine-club, a las ferias, al teatro, leímos, veraneamos, tocamos guitarra, escribimos versos, y una vez terminada mi especialidad, metimos los libros, los discos, la cámara fotográfica, la guitarra y la ropa en grandes maletas, y nos hicimos al mar; *¿Cómo es Santo Domingo?*, me preguntaba Rosina una semana antes, cuando decidimos casarnos, y yo me limitaba a contestarle, *Algo más que las palmas y tamboras que has visto en los afiches del Consulado.*

Eso pasó hace tiempo, Ton; todavía vivía papá cuando volvimos. ¿Sabes que murió papá? Debes saberlo. Lo enterramos aquí porque él siempre dijo que en este pueblo descansaría entre camaradas. Si vieras cómo se puso el viejo, tú que chanceabas con su rápido andar y sus ademanes vigorosos de muñequito de cuerda, no lo hubieras reconocido; ralo el cabello grisáceo, desencajado el rostro, ronca la voz y la respiración, se fue gastando angustiosamente hasta morir una tarde en la penumbra de su habitación entre el fuerte olor

191

de los medicamentos. Ahí mismo iba a morir mamá un año más tarde apenas; la vieja murió en sus cabales, con los ojos duros y brillantes, con la misma enérgica expresión que tanto nos asustaba, Ton.

Por mi parte, con Rosina no me fue tan bien como yo esperaba; nos hicimos de un bonito apartamento en la avenida Bolívar y yo comencé a trabajar con relativo éxito en mi consultorio. Los meses pasaron a un ritmo normal para quienes llegan del extranjero y empiezan a montar el mecanismo de sus relaciones: invitaciones a la playa los domingos, cenas, a bailar los fines de semana, paseos por las montañas, tertulias con artistas y colegas, invitaciones a las galerías, llamadas telefónicas de amigos, en fin ese relajamiento a que tiene uno que someterse cuando llega graduado del exterior y casado con una extranjera. Rosina asimilaba con naturalidad el ambiente y, salvo pequeñas resistencias, se mostraba feliz e interesada por todo lo que iba formando el ovillo de nuestra vida. Pero pronto las cosas comenzaron a cambiar, entré a dar cátedras a la Universidad y a la vez mi clientela crecía, con lo que mis ocupaciones y responsabilidades fueron cada vez mayores, en tanto había nacido Francesco José, y todo eso unido, dio un giro absoluto a nuestras relaciones. Rosina empezó a lamentarse de su gordura y entre el Metrecal y la balanza del baño dejaba a cada instante un rosario de palabras amargadas e hirientes, la vida era demasiado cara en el país, en Italia los taxis no son así, aquí no hace más que llover y cuando no el polvo se traga a la gente, el niño va a tener el pelo demasiado duro, el servicio es detestable, un matrimonio joven no debe ser un par de aburridos, Europa hace demasiada falta, uno no puede estar pegando botones a cada rato, el maldito frasco de Sucaryl se rompió esta mañana, y así se fue amargando todo, amigo Ton, hasta que un día no fue posible oponer más sensatez ni más mesura y Rosina voló a Roma en Alitalia y yo no sé de mi hijo Francesco más que por dos cartas mensuales y unas cuantas fotos a colores que voy guardando aquí, en mi cartera, para sentir que crece junto a mí. Esa es la historia.

Lo demás no será extraño, Ton. Mañana es Día de Finados y yo he venido a estar algún momento junto a la tumba de mis padres; quise venir desde hoy porque desde hace mucho tiempo me golpeaba en la mente la ilusión de este regreso. Pensé en volver a atravesar las calles del barrio, entrar en los callejones, respirar el olor de los cerezos, de los limoncillos, de la yerba de los solares, ir a aquella ventana por donde se podía ver el río y sus lanchones; encontrarlos a ustedes junto al muro gris de la pulpería de Ulises, tirar de los cabellos al Búho Pujols, retozar con Fremio, chancear con Toñín y con Pericles, irnos a la glorieta del parque Salvador y buscar en el viento de la tarde el sonido uniforme de los redoblantes de los Boys Scouts. Pero quizá deba admitir que ya es un poco tarde, que no podré volver sobre mis pasos para buscar tal vez una parte más pura de la vida.

Por eso hace un instante he dejado el barrio, Ton, y he venido aquí, a esta mesa y me he puesto a pedir casi sin querer, botellas de cerveza que estoy tomando sin darme cuenta, porque, cuando te vi entrar con esa misma cojera que no me engaña y esa velada ingenuidad en la mirada, y esa cabeza inconfundible de *Ton Melitón cojo y cabezón* mirándome como a un extraño, sólo he tenido tiempo para comprender que tú sí que has permanecido inalterable, Ton; que tu pureza es siempre igual, la misma de aquellos días, porque sólo los muchachos como tú pueden verdaderamente permanecer incorruptibles aún por debajo de ese olvido, de esa pobreza, de esa amargura que siempre te hizo mirar las rojas ramas del almendro cuando pensabas ciertas cosas. Por eso yo soy quien ha cambiado, Ton, creo que me iré esta noche y por eso también no sé si decirte ahora quién soy y contarte todo esto, o simplemente dejar que termines de lustrarme los zapatos y marcharme para siempre.

193

Mario Benedetti

CORAZONADA

URUGUAY

MARIO BENEDETTI, narrador, poeta, dramaturgo y periodista uruguayo, nació en Paso de los Toros (Tacuarembó) el año 1920. Su oposición a la dictadura de 1973 lo llevó al exilio, al igual que a miles de uruguayos. Esa situación lo hizo residir en diversos países latinoamericanos. Su obra es muy vasta y comprende muchos géneros literarios. Gran parte de su reconocimiento continental se debe a su poesía, a su narrativa y a su labor como ensayista. Su primer libro publicado fue el poemario *La víspera indeleble* (1945), al que siguió la colección de cuentos que lleva por título *Esta mañana* (1949). Su obra poética se reunió en el volumen *Inventario* (1978). Posteriores a esa fecha son los poemarios: *Cotidianas* (1979), y *Viento del exilio* (1981). Su obra narrativa, que comprende varios títulos, fue reunida en *Cuentos completos* (1970) y en *Todos los cuentos de Mario Benedetti* (1980). Ha publicado, además, *Primavera con una esquina rota* (1982) y *Geografías* (1984), y las novelas *La tregua* (1960) y *Gracias por el fuego* (1965).

Creo que el arte cumple una función nada desdeñable
en las relaciones humanas y en la evolución del individuo.
Creo que tanto el arte como la política,
sin ser por eso los dos únicos provocadores
de las mejores esencias del hombre,
son dos factores muy importantes de esa incitación.
La política, porque revela en el hombre el sentido de la justicia;
la literatura porque propicia un ahondamiento
en el propio ser y también en su contorno.
A veces esos caminos se unen o se cruzan;
otras veces son rutas paralelas pero asimismo válidas.
[…] Envidio a esos escritores que trabajan una novela
durante diez años, la dejan reposar otros cinco,
y emplean luego otros dos para hacerle los últimos retoques.
Esa forma de trabajo sería para mí algo inalcanzable.
Sólo en un género, el cuento,
demoro a veces largos años en formar una colección
(tardé doce años en escribir los 19 de *La muerte y otras sorpresas*),

pero cada cuento en particular
me lleva siempre muy poco tiempo para escribirlo,
aunque a veces esa operación escritura sea la consecuencia
de varios años de darle vueltas mentales a un tema,
a una anécdota, o simplemente a una técnica.
Pero te confieso que en general no escribo
para el lector que vendrá, sino para el que está aquí,
poco menos que leyendo el texto sobre mi hombro.
¿Si todo sirve, o sirvió, para algo?
Es difícil saberlo.
Mirá, por lo menos a mí sí me sirvió.
Meterme en las honduras de un personaje,
en sus contradicciones, me ha servido muchas veces
para ver más claro en mí mismo, en mis propias contradicciones.
¿Le habrá servido igualmente al lector?
Sé de casos concretos en que sí le ha servido,
a veces como estímulo; otras, como provocación
(o sea, para saber que pensaban exactamente lo contrario).
Pero en este terreno de las relaciones autor-lector
no sirven las computadoras ni, a Dios gracias,
la democracia representativa.
Hay una zona de misterio, una incógnita,
que a veces sólo se despeja cincuenta años después.
Lamentablemente, para ese entonces
no me van a poder mandar un telegrama con el resultado.

Extractos de la entrevista realizada por
Ernesto González Bermejo, y
publicada bajo el título "El caso Mario Benedetti",
en Mario Benedetti: variaciones críticas, libro colectivo.
Montevideo: Arca, 1973.

CORAZONADA

Apreté dos veces el timbre y enseguida supe que me iba a quedar. Heredé de mi padre, que en paz descanse, estas corazonadas. La puerta tenía un gran barrote de bronce y pensé que iba a ser bravo sacarle lustre. Después abrieron y me atendió la ex, la que se iba. Tenía cara de caballo y cofia y delantal. "Vengo por el aviso", dije. "Ya lo sé", gruñó ella y me dejó en el zaguán, mirando las baldosas. Estudié las paredes y los zócalos, la araña de ocho bombitas y una especie de cancel.

Después vino la señora, impresionante. Sonrió como una Virgen pero sólo como. "Buenos días". "¿Su nombre?" "Celia". "¿Celia qué?" "Celia Ramos". Me barrió de una mirada. La pipeta. "¿Referencias?" Dije tartamudeando la primera estrofa: "Familia Suárez, Maldonado 1346, teléfono 90948. Familia Borrello, Gabriel Pereira 3252, teléfono 413723. Escribano Perrone, Larrañaga 3362, sin teléfono". Ningún gesto. "¿Motivos del cese?" Segunda estrofa, más tranquila: "En el primer caso, mala comida. En el segundo, el hijo mayor. En el tercero, trabajo de mula". "Aquí", dijo ella, "hay bastante que hacer". "Me lo imagino". "Pero hay otra muchacha y además mi hija y yo ayudamos". "Sí, señora". Me estudió de nuevo. Por primera vez me di cuenta de que de tanto en tanto parpadeo. "¿Edad?" "Diecinueve". "¿Tenés novio?" "Tenía". Subió las cejas. Aclaré por las dudas: "Un atrevido. Nos peleamos por eso." La Vieja sonrió sin entregarse. "Así me gusta.

199

Quiero mucho juicio. Tengo un hijo mozo, así que nada de son-risitas ni mover el trasero". Mucho juicio, mi especialidad. Sí señora. "En casa y fuera de casa. No tolero porquerías. Y nada de hijos naturales, ¿estamos?" "Sí, señora". ¡Ula Marula! Después de los tres primeros días me resigné a soportarla. Con todo, bastaba una miradita de sus ojos saltones para que se me pusieran los nervios de punta. Es que la vieja parecía verle a una hasta el hígado. No así la hija, Estercita, veinticuatro años, una pituca de ocai y rumi que me trataba como a otro mueble y estaba muy poco en casa. Y menos todavía el patrón, don Celso, un bagre con lentes, más callado que el cine mudo, con cara de malandra y ropa de Yriart, a quien alguna vez encontré mirándome los senos por encima de "Acción". En cambio el joven Tito, de veinte, no precisaba la ex-cusa del diario para investigarme como cosa suya. Juro que obedecí a la Señora en eso de no mover el trasero con malas intenciones. Reconozco que el mío ha andado un poco dislocado, pero la verdad es que se mueve de moto propia. Me han dicho que en Buenos Aires hay un doctor japonés que arregla eso, pero mientras tanto no es posible sofocar mi naturaleza. O sea que el muchacho se impresio-nó. Primero se le iban los ojos, después me atropellaba en el co-rredor del fondo. De modo que por obediencia a la Señora, y tam-bién, no voy a negarlo, pormigo misma, lo tuve que frenar unas diecisiete veces, pero cuidándome de no parecer demasiado asque-rosa. Yo me entiendo. En cuanto al trabajo, la gran siete. "Hay otra muchacha", había dicho la Vieja. Es decir, había. A mediados de mes ya estaba solita para todo rubro. "Yo y mi hija ayudamos", había agregado. A ensuciar los platos, cómo no. A quién va a ayudar la Vieja, vamos, con esa bruta panza de tres papadas y esa metida con los episodios. Que a mí me gustase Isolina o la Burgueño, vaya y pase y ni así, pero que a ella, que se las tira de avispada y lee Selecciones y Lifenespañol, no me lo explico ni me lo explicaré. A quién va a ayudar la niña Estercita, que se pasa reventándose los granos, jugando al tennis en Carrasco y desparramando fichas en el Parque Hotel. Yo salgo a mi padre en las corazonadas, de modo que cuando el tres de junio (fue San Cono bendito) cayó en mis manos esa foto en que Estercita se está bañando en cueros con el menor de los Gómez en no sé qué arroyo ni a mí qué me importa, enseguida la guardé pórque nunca se sabe. ¡A quién van a ayudar! Todo el trabajo para mí y aguantáte piola. ¿Qué tiene entonces de raro que cuando Tito (el joven Tito, bah) se puso de ojos vidriosos y cada día más ligero de manos, yo le haya aplicado el sosegáte y que habláramos claro? Le dije con todas las letras que yo con ésas no iba, que el único tesoro que tenemos los pobres es la honradez y basta. Él se rió muy canchero y había empezado a decirme: "Ya verás, putita", cuando apareció la señora y nos miró como a cadáveres. El idiota bajó los ojos y mutis por el forro. La Vieja puso entonces cara de al fin solos y me encajó bruta trompada en la oreja, en tanto que me trataba de comunista y de ramera. Yo le dije: "Usted a mí no me pega, ¿sabe?" y allí nomás demostró lo contrario. Peor para ella. Fue ese segundo golpe el que cambió mi vida. Me callé la boca pero se la guardé. A la noche le dije que a fin de mes me iba. Estábamos a veintirés y yo precisaba como el pan esos siete días. Sabía que don Celso tenía guardado un papel gris en el cajón del medio de su escritorio. Yo lo había leído, porque nunca se sabe. El veintiocho, a las dos de la tarde, sólo quedamos en la casa la niña Estercita y yo. Ella se fue a sestear y yo a buscar el papel gris. Era una carta de un tal Urquiza en la que le decía a mi patrón frases como ésta: "Xx xxx x xx xxxx xxx xx xxxxx". La guardé en el mismo sobre que la foto y el treinta me fui a una pensión decente y barata de la calle Washington. A nadie le di mis señas, pero a un amigo de Tito no pude negárselas. La espera duró tres días. Tito apareció una noche y yo le recibí delante de doña Cata, que desde hace unos años dirige la pensión. Él se disculpó, trajo bombones y pidió autorización para volver. No se la di. En lo que estuve bien porque desde entonces no faltó una noche. Fuimos a menudo al cine y hasta me quiso arrastrar al Parque, pero yo le apliqué el tratamiento del pudor. Una tarde quiso averiguar directamente qué era lo que yo pretendía. Allí tuve una corazonada: "No pretendo nada, porque lo que yo querría no puedo pretenderlo".

Como ésta era la primera cosa amable que oía de mis labios, se conmovió bastante, lo suficiente para meter la pata: "¿Por qué?", dijo a gritos, "si ése es el motivo, te prometo que…" Entonces como si él hubiera dicho lo que no dijo le pregunté: "vos sí… pero ¿y tu familia?" "Mi familia soy yo", dijo el pobrecito.

Después de esa compadrada siguió viniendo y con él llegaban flores, caramelos, revistas. Pero yo no cambié. Y él lo sabía. Una tarde entró tan pálido que hasta doña Cata hizo un comentario. No era para menos. Se lo había dicho al padre. Don Celso había contestado: "Lo que faltaba". Pero después se ablandó. Un tipo pierna. Estercita se rió como dos años, pero a mí qué me importa. En cambio la Vieja se puso verde. A Tito lo trató de idiota, a don Celso de cero a la izquierda, a Estercita de inmoral y tarada. Después dijo que nunca, nunca, nunca. Estuvo como tres horas diciendo nunca. "Está como loca", dijo el Tito, "no sé qué hacer". Pero yo sí sabía. Los sábados la Vieja está siempre sola, porque don Celso se va a Punta del Este. Estercita juega al tennis y Tito sale con su barrita de La Vascongada. O sea que a las siete me fui a un monedero y llamé al nueve siete cero tres ocho. "Hola", dijo ella. La misma voz gangosa, impresionante. Estaría con su salto de cama verde, la cara embadurnada, la toalla como turbante en la cabeza. "Habla Celia", y antes de que colgara: "No corte señora, le interesa". Del otro lado no dijeron ni mu. Pero escuchaban. Entonces le pregunté si estaba enterada de una carta de papel gris que don Celso guardaba en su escritorio. Silencio. "Bueno, la tengo yo". Después le pregunté si conocía una foto en que la niña Estercita aparecía bañándose con el menor de los Gómez Taibo. Un minuto de silencio. "Bueno, también la tengo yo". Esperé por las dudas, pero nada. Entonces dije: "Piénselo, señora" y corté, fui yo la que corté, no ella. Se habrá quedado mascando su bronca con la cara embadurnada y la toalla en la cabeza. Bien hecho. A la semana llegó el Tito radiante y desde la puerta gritó: "¡La vieja afloja! ¡La vieja afloja!" Claro que afloja. Estuve por dar los hurras, pero con la emoción dejé que me besara. "No se opone pero exige que no vengas a casa". ¿Exige? ¡Las cosas que hay que oír! Bueno, el veinticinco nos casamos (hoy hace dos meses), sin cura pero con juez, en la mayor intimidad. Don Celso aportó un chequecito de mil y Estercita me mandó un telegrama que —está mal que lo diga— me hizo pensar a fondo: "No creas que salís ganando. Abrazos, Ester".

En realidad, todo esto me vino a la memoria, porque ayer me encontré en la tienda con la Vieja. Estuvimos codo con codo, revolviendo saldos. De pronto me miró de refilón desde abajo del velo. Yo me hice cargo. Tenía dos caminos: o ignorarme o ponerme en vereda.

Creo que prefirió el segundo y para humillarme me trató de usted: "¿Qué tal, cómo le va?" Entonces tuve una corazonada y agarrándome fuerte del paraguas de nailon, le contesté tranquila: "Yo bien, ¿y usted, mamá?"

203

Francisco Massiani

UN REGALO
PARA JULIA

VENEZUELA

F RANCISCO MASSIANI nació en Caracas en abril de 1944. Vivió sus primeros años en esta ciudad y en Estados Unidos. En 1951 su familia se trasladó a Santiago de Chile. Allí permaneció durante ocho años. De regreso en Caracas terminó sus estudios secundarios e ingresó a la Universidad donde estudió Arquitectura y Filosofía.

En 1969 publicó su primera novela, *Piedra de Mar*. Luego, dos libros de relatos: *Las primeras hojas de la noche* (1970) y *El llanero solitario tiene la cabeza pelada como un cepillo de dientes* (1975). En 1978 apareció su segunda novela, *Los tres mandamientos de Misterdoc Fonegal*.

D ebo confesar que mi primera novela nació de una mentira: el que entonces era director del INCIBA,
Simón Alberto Consalvi, me preguntó si yo tenía una novela.
Se acababa de crear la Editorial Monte Avila.
Le dije que sí. Y mientras se la contaba
la sentí tan verídica y posible de escribir
que la inicié ese mismo día.
Tardé año y medio en terminarla.
[...] Nunca he dejado de sentirme extranjero.
Sólo en las playas, frente al mar, en los puertos
y en mi ciudad cuando es de noche
y no se advierte el sinnúmero de autos,
ni se siente el calor ni el ruido, me siento como en mi casa.
En todo caso, esa impresión de estar fuera de lugar,
de no pertenecer al mundo que me rodea recrudece mi timidez.
Y también lo que podría llamar una sensación permanente
de extrañamiento frente a la realidad.

207

Extractos del libro de Ángel Flores, Narrativa hispanoamericana. 1816-1981.
Historia y Antología. *Tomo V:* La Generación de 1939 en adelante:
Centroamérica, Colombia, Cuba, Ecuador, Puerto Rico,
República Dominicana, Venezuela y México.
México; Editorial Siglo XXI, 1983.

Un Regalo para Julia

Palabra que no era fácil. Casi todo el mundo regala discos y los pocos discos de moda son tres, cuatro. Julia iba a terminar con la casa llena de discos repetidos. Además tenía sólo veinte bolívares y así no se pueden comprar sino discos o chocolates o alguna inmundicia parecida. Yo nunca le regalaría un talco a Julia. Menos, un muñeco. Tiene una colección de muñecos desbaratados en el cuarto y lo de chocolates, menos, porque sé que Carlos se los comería todos. Carlos, tan perfectamente imbécil como siempre. Lo imagino clarito: Oye Julia, dame un poquito.

Uno dice: le regalo un libro. Uno dice: le regalo cualquier cosa. Pero uno no podía regalarle cualquier cosa. ¿Con qué cara? Ayer, anteayer estaba con la cochinada de Carlos, que por cierto: fuaaa, fuaaa, y lo peor es que no tose y a mí en cambio se me salen las tripas. Fuaaa, botaba el humo, y fuaaa estiraba su pata y mataba una hormiga. Se comía un moco. Se estripaba un barro en la nariz, fuaaa, se rascaba la oreja, y después escupía por la boca, por todos lados. Porque lo hace. Juro que sabe fumar. Es verdad. Fuma mejor que nadie. Y entonces te mira y dice: Si llego a ser novio de Julia. Pero lo juré. Dije: por Dios santo que no se lo digo. Así que nada. No puedo decirlo. Pero en todo caso cuento que Carlos me dijo que si Julia llegaba a ser su novia, la metía en la bañera, la llenaba de jabón y le hacía esa porquería que juré que no se lo decía a nadie. Lo peor es que yo vengo y salgo y voy a casa de Julia, porque algo tenía que hacer, ¿no?, y llega Julia y me dice así mismito:

—¿Qué vienes a hacer aquí?

Quedé tieso. Después me dice:

—Pasa.

Y pasé. Y después de que pasé me senté y ella puso un disco. Siempre que alguien llega a su casa pone un disco. Después te saluda, te mira, da tres pasos de última moda y después se echa en el sillón, tipo bandida de cine mexicano. Cine mexicano, cine mexicano... ajá:

—Oye —le digo—. Oye Julia, ¿qué tal te cae Carlos?

—¿Carlos?

—Sí, Carlos.

—¿Por qué? —cogió una revista de mujeres y modas y eso. Yo me puse a darle tambor a la mesa. Creo que pasamos como un minuto así. Me dijo:

—¿Quieres Cocacola?

Yo no le respondí. Seguí tocando tambor en la mesa. No le respondí porque me molestó que se olvidara que le había hablado de Carlos, que se hiciera la loca con la pregunta que muy bien sabía que yo se la hacía por un montón de cosas que ella sabía muy bien que yo sabía. O sea eso. O sea nada, supongo que se entiende, ¿no? Bueno. Me vuelve a preguntar:

—¿Quieres Cocacola?

Y yo:

—Te pregunté por Carlos.

—No me acuerdo —dijo.

—Yo sí —le dije—. Y muy bien.

—Bueno. ¿Qué cosa? —dijo.

—Eso que tú sabes —le dije.

—Yo no sé nada, Juan —me dijo. Y cuando la miré estaba viendo la revista.

—Bueno Julia. —Yo tenía que hacer algo. Sabía que tenía que hacer algo—. Oye: imagínate que Carlos te regala el disco que estamos oyendo.

—¿Qué cosa?

—El disco.

—¿Qué disco?

—Nada —le dije.

Nunca lo entienden a uno. Yo seguí tocando el tambor y ella se levantó del sofá, dio un brinquito, se pasó la mano por el pelo y me preguntó:

—¿Qué dijiste de Carlos?

Nunca. Nunca entiende. Yo le dije que nada, que se sentara, y ella me sonrió y se sentó. Cuando se sentó, me sonrió. Cuando eso pasa, cuando me sonríe, entonces yo aprovecho para verle la boquita, esos dos gajitos de naranja, porque es así: tiene dos gajitos de naranja, y sé por ejemplo que el labio de arriba, cuando se separa del de abajo, parece que le diera miedo dejarlo solo, y entonces tiembla un poquito, no mucho, un poquito solamente y entonces se le acerca y lo acompaña un poco y entonces entre los dos gajitos sale como un juguito que le mancha un poco las arruguitas de los labios y entonces yo siento un mareo y algo como un chicle entre las muelas y ella se me queda mirando y me dice:

—¿Qué te pasa?

Y despierto. Sé que nunca sería capaz de agarrarle la mano, nunca. Pero sabía, estaba convencido, como nunca, que tenía que hacer algo. Así que seguí tocando tambor a ver si me venía algo a la cabeza. Nada. Seguía tocando tambor. Nada. Seguía tocando y tambor y tambor y ella y tambor y nada. De repente ella me dice:

—Tengo un vestido para mañana que es una maravilla.

Yo digo:

—Qué bueno.

Y ella dice:

—Es algo que te deja desmayado.

Y yo sigo:

—Qué bueno.

Y ella:

—Lo ves y te mueres. Es de locura.

Y yo seguía con el tambor.

Bueno. En eso pasó la hermana, después una de las sirvientas de las diez sirvientas que tienen en su casa y después, un rato después, vengo y le digo:

—Julia —ni sabía lo que iba a decir—, dime una cosa: si yo te regalara ese disco y Carlos el otro, ¿cuál pondrías más en el día?

Se me quedó mirando con mirada matemática de raíz cuadrada, y me dijo:

—Este. El que estamos oyendo.

Yo entonces estiré las piernas, la miré, le eché una sonrisita y seguí tocando tambor, pero palabra que me costaba tocar tambor, porque lo que provocaba era salir gritando y llamar al cochinada de Carlos y decirle: mira Carlos, pendejo, nunca vas a hacerle esa cochinada porque Julia y yo, ¿no?, pero justo cuando se estaba acabando el disco me dijo:

—¿Qué fue lo que me preguntaste?

Palabra que no es mentira. Se lo repetí y ella me sonrió. Y me dijo:

—Qué salvaje eres.

Nunca la he entendido. Me imaginé que debía sonreirme y me sonreí. Después me dijo:

—Lo pondría todos los días si me gustaba.

—¿Qué cosa? —Yo comenzaba a olvidar todo el plan, todo lo que tenía en la cabeza se me reventó, ya nada, juro que yo no entendía a nadie, que estaba loco, tan loco que dije:

—Julia. Quiero que mañana vayas a la fuente de soda de la esquina porque quiero darte un regalo especial.

211

Ella preguntando cosas hasta que por fin aceptó y a las tres y media era la cosa. O sea que a las tres y media nos íbamos a encontrar en la fuente de soda. Así fue que salió lo del regalo. Por eso lo conté.

Total que hoy vengo y cogí lo que me dio mamá y salí a la calle. Me metí en todos lados. Vi todas las vitrinas. Entré en todas las tiendas y ni sabía qué podía regalarle. Pero no soy tan imbécil: si le dije que el regalo era especial por nada del mundo le doy cualquier cosa. Eso era lo que pensaba cuando estaba mirando el conejo. Ustedes lo han visto. Está por ahí, en una tienda de Sabana Grande, y es un conejo blanco. Es un conejo más grande que un caballo y mueve las orejas y tiene los ojos rojos. Por cierto que me acordé del profesor Jaime, porque el profesor Jaime tenía siempre los ojos rojos. Por cierto que el profesor Jaime era un gran tipo, y cada vez que me acuerdo de él tengo una vaina con Carlos. Porque sé que Carlos es el cochinada típico que le pone tachuelas a profesores como el señor Jaime. Cuando estaba mirando al conejo, me juré que si alguna vez Carlos tocaba el oso de mi hermanita, que también tiene los ojos rojos, lo agarraba por las patas, lo batía contra el árbol y lo volvía una cochinada. Porque es lo que merece. Juro que si alguna vez Carlos se burla del oso, lo machaco, lo aplasto, le martillo los dedos y lo reviento. Eso es lo que merece. Total que estaba viendo el conejo y ¡ah! nada: un pollo, Dios mío, ¿cómo no se me había ocurrido? Un pollito, chiquito, metido en una caja, y ella mirando el pollo, y jugando con su pollo todos los días, y dándole de comer, y así tú puedes preguntarle por el pollo y tienes algo de qué hablar y es algo especial, es un regalo único, anda, apúrate, y salí disparado a Canilandia. Creo que se llama así: Canilandia. Y está en una callecita que se mete de Sabana Grande a la avenida Casanova. Bueno. Y entré y el señor me regaló el pollo. Ni siquiera aceptó que yo se lo comprara. Bueno.

Me fui a la fuente de soda. Cuando llegué pedí una merengada.

Eso fue lo que pedí. Y ahí estuve. ¡Ajo! Estaba cansado. Hay que ver, corriendo, el sol, el pollo, y lo peor es que no podía correr mucho. Pero ahí estaba.

Bueno. Pedí una merengada de chocolate. Ya van a ver. Pido la merengada. Es para quedarse en casa. Francamente: pido la merengada y el imbécil del mozo viene y se queda mirando a la caja. Claro que la caja se movía, ¿no?, pero por eso no tenía que poner cara de imbécil y quedarse mirando y mirando y decirme, porque me lo dijo:

—¿Y eso?

Tuve que decírselo:

—Un regalo.

—¿Un regalo? — se sonreía con los dientes puercamente llenos de oro.

—Un regalo.

—¿Y por qué se mueve?

—Porque adentro hay un pollo —digo.

—¿Ah, sí? ¿Un pollo?

—Sí. Eso. Un pollo.

—Qué bien —dijo el tipo. Que sí qué bien. Qué tipo, francamente.

Bueno. La verdad es que no sé por qué cuento lo del mozo. Lo que sí es que ya estaba poniéndome nervioso porque Julia no llegaba y eran más de las tres y media. Ya como a las cuatro, dejé la caja con la copa encima y llamé a casa de Julia. Como estaba pendiente de la caja, o sea, pensando en que a lo mejor el pollo se ponía histérico y pateaba y se armaba el relajo, estuve como media hora sin responderle a la mamá. La mamá:

—¿Aló? ¿aló? ¿aló? ¿aló?

Bueno. Por fin le pregunté por Julia.

—No está, Juan —me dijo—. ¿Eres tú, no?

—Sí. Soy yo, señora.

—Ayer vi a tu mamá. ¿Cómo estás?

—Ah, bueno…

—Me dijo que no estudiabas casi nada.

—Un poco.

—Tienes que estudiar.

—Sí, señora —palabra que eso era lo que me decía. No miento. Siguió así:

—…y portarte muy bien, mira que ya eres un hombrecito.

—Sí, señora.

—Bueno. Tú vienes al cumpleaños, ¿no?

—Sí, señora.

—Julia está como loca… ya no sabe qué hacer. Bueno, Juan. Saludos por tu casa.

—Gracias, señora.

—Adiós.

—Adiós, señora.

¿Ven? Y la caja y la copa y el mozo y Julia no llega y la vieja: es para volverse loco. Palabra. Estuve a punto de tirar el teléfono. Y lo peor es que no he terminado: apenas me siento se me acerca de nuevo el mozo. ¡Qué tipo más imbécil! Me dice:

—¿Y para quién es el regalo?

Juré que si me seguía haciendo preguntas que a ti no te importan te tiro la copa desgraciado. Eso es lo que pensaba. Y dale con el regalo. Menos mal que alguien lo llamó. Ya yo estaba realmente harto. Dale con la caja, el pollo, la vieja. "Ayer vi a tu mamá en el mercado" y que si "tienes que estudiar porque eres un hombrecito, Julia está como loca". Francamente. Y nada que llegaba la desgraciada. ¿Por qué la gente tiene que preguntar tanto? En serio: ¿para qué vienen y te preguntan que por qué tu mamá usa anteojos? ¿Ah? Palabrita que si alguien pregunta que por qué mi mamá usa anteojos le nombro la madre. Palabrita. Sinceramente lo digo así mismo: mire desgraciado, señor, ¿qué pasa? ¿Qué le pica? ¿Nunca ha visto un pollo? ¿Nunca ha visto una señora con anteojos? ¿Ah? Dígame esa gente que viene y te dice: ¿Qué hay? O te dicen: ¿Qué has hecho? ¿Pero qué carajo les importa? ¿Ah?

Bueno. Por fin Julia llegó. Era tardísimo. La vi bajarse de su impresionante Buick negro, con su vestido de pepas, y meneándose para todos los tipos que estaban en la fuente de soda. Julia no puede dejar de menearse y mirar a todos los tipos. Por mí que se iría con el primer tipo que le dijera: "Oye tú, mira..." Seguro. Lo único que le importa a esa carajita es menearse y poder menearle los ojos a todos los degenerados que la miran. A veces comprendo un poco por qué a la cochinada de Carlos se le ocurrió eso que me dijo y que yo no puedo contar porque juré por Dios santo que no se lo decía a nadie. Pero bueno. Llega, se sienta, se monta el vestido hasta las pantaletas, se bota el pelo para atrás, se pasa la mano por el cuello, y después que me volvió porquería, se quedó mirando la caja vacía y me dijo:

—Ajjj Dios mío, me estoy muriendo de sed.

Se me olvidó decir que justo en el momento en que la vi salir de su maldito Buick, justo en ese momento, me dio una vaina y en un segundo abrí la caja, agarré al pobre pollo, y lo escondí en el bolsillo de la chaqueta.

Me salió con que si:

—¿Llevas mucho tiempo aquí?

—No. Acabo de llegar —le dije.

—¿Qué calor, verdad?

—Sí. Espantoso —dije.

—No lo aguanto —dijo ella—. Puf, me muero.

Y para colmo me di cuenta que el tipo de la corbatica negra nos estaba espiando. Apenas llegó Julia me di cuenta que paró las orejas y hacía lo posible por acercarse y vamos a ver qué oímos y qué pasará con el pollo. Francamente. Deben volverse imbéciles. Que si la mesa uno un perro caliente, la mesa cuatro una hamburguesa sin tomate y otra con tomate, la mesa ocho una merengada de

215

chocolate y una Cocacola, y la mesa dos un café negro y otro marroncito pero sin mucho café y la mesa tres un helado de mantequilla y la mesa nueve… Claro: nosotros ahí, así se divertía. No sé si se han dado cuenta la cara de loquitos tristes que tienen todos. Y además de la tristeza de loquitos llevan una corbatica de lazo. Pobrecitos. No le metía la nariz en las piernas de Julia porque no podía, y claro, porque Julia, justo cuando el pobre desgraciado la miraba, cerraba un poco las rodillas, la maldita botaba el aire, se sobaba la rodilla, y después te miraba como para que no te pusieras a llorar ahí mismo. Después que se subió más de lo que tenía subido el vestido, vino, y con su vocita de pito, levantó un dedito y llamó al mozo. Inmediatamente pensé que el pendejo del mozo llegaba y le contaba lo del pollo. Y lo peor es que con lo del pollo, tenía que mantener el brazo en una sola posición, así, con la mano en el bolsillo, sin dejar que el pollo chillara, tapándole la jeta con los dedos, y ya sentía el brazo calambreado. Además estaba comenzando a sudar por todas partes. Era horrible. No exagero. Bueno.

El mozo llega y se para delante de Julia:

—¿Desea algo, señorita?

—Sí. Por favor…

—Dígame.

—¿Tiene Cocacola?

El tipo le dice: —Pepsicola— y aprovecha para mirarle todo.

—¿Pepsicola?

—Pepsicola —se hizo el loco y le miró las rodillas. Julia seguía con el dedo en el aire y se soplaba un mechón de pelo que le caía sobre la nariz. Por fin parece que Julia se dio cuenta que estaba pidiéndole algo al mozo y le dijo:

—¿Tiene orange?

—No. No hay.

—¿Qué tienen?

El mozo como que ya estaba arrecho:

—Colita, pepsicola, hit, sevenup y grin.

—¿Tienen grin?

—Sí.

—Bueno. Entonces una merengada de chocolate.

—¿De chocolate?

—No. Bueno. Tráigame una grin.

El mozo estaba loco:

—¿Entonces grin?

—Perdone —dijo Julia y se rió mirándome—, tráigame un helado de chocolate.

El mozo ni siquiera la miró. Salió disparado. Pobrecito. Y a todas éstas al maldito pollo como que le dio taquicardia porque comenzó a temblar y patalear y no sé qué diablos tenía. De golpe le abrí la jeta y el desgraciado chilló. Julia me miró y me dijo:

—¿Oíste?

—No —dije.

—Como un pito.

—Un niñito —dije.

—Fue raro —siguió Julia.

—Sí. A veces pasa.

—Mamá dice que oye todo el día una avispa en la oreja.

—Qué raro.

—Sí.

Por fin miró la caja, que estaba vacía, y me preguntó:

—¿Ese es el regalo?

217

Yo estaba esperando desde el principio la pregunta. Por fin. Sí, pero no sabía qué diablos podía decirle, ¿no? ¿Qué se puede decir si a uno le pasa una cosa de ésas? ¿Qué dice uno? Uno no sabe qué decir. Y yo dije que no. Que ése no era el regalo.

—¿Dónde está?.

"¿Dónde está? ¿Dónde está? " ¡Qué pregunta!

—Me pasó algo, Julia.

—¿Qué cosa? ¿Se te quedó en tu casa?

—Fue un problema —le dije.

—¿Te caíste? ¿Y esa caja?

—Sí. Me caí. Se rompió. Esa es la caja.

—Qué lástima —dijo. Y justo oí que el pollo eructaba o algo así. No sé qué le pasaba al bicho. Como que estaba ahogado.

—¿Dónde te caíste?

—En una escalera —le dije.

—Palabra que lo siento, Juan —dijo.

—No importa.

—Por supuesto que importa —me dijo. Y aprovechó para agarrarme la mano. Yo sudé. Después me sonrió, cambió las piernas para que todo el mundo le mirara las pantaletas y me dijo:

—¿Te vienes conmigo?

—No, gracias Julia.

En eso fue que llegó el mozo. O bueno. Llegó antes o después de que se subió el vestido. El tipo traía una Cocacola. La puso, después pasó el pañito por una orilla de la mesa y se perdió. Julia me preguntó:

—¿No fue un helado de chocolate lo que le pedí?

—No sé —le dije. Y sí sabía.

—Ah no… es verdad —dijo—. Ahora me acuerdo que pedí una Cocacola…

Cogió el pitillo, lo metió en la Cocacola y echó una chupadita.

218

Después se pasó la lengua por la boca, se limpió la manchita de Cocacola que tenía en los labios, y se me quedó mirando sonreída. Inmediatamente comencé a sentirme como perdido. Como levantado del suelo. Lejos y al mismo tiempo muy cerca, tanto, que podía contarle los lunares que tiene en la nariz, esos puntos como marroncitos, como rosados que tiene juntados en la nariz, y mientras más la miraba, ella más se sonreía y yo volaba más lejos de ella, con la sonrisa, sin ella, con la sonrisa sola, flotando en el aire, con su sonrisa de espuma roja, y después que había volado con la sonrisa, la sonrisa regresaba a su cara, le cubría toda su cara y yo me daba cuenta que estaba ahí, frente a ella, y me entraba en el vientre un miedito dulce. Era un miedito como cuando vamos en un auto y de golpe el auto llega a una subida, y cae, y a ti te entra algo, se te abre algo en la barriga, y se te llena la barriga de ese miedo dulce que después sientes que se te escapa y te lo deja como vacío, como con un hambre raro.

—Juan —decía—. Oye, Juan...

Ni siquiera me di cuenta que tenía el pollo en el bolsillo, palabra. No me daba cuenta de nada. Para colmo ella me decía Juan, así, suavecito, Juan, como soplando el nombre, como soplándolo con el aliento, y apenas me llegaba el nombre, apenas lo oía, y volvía a entrarme esa vaina y me quedaba más perdido y más mareado que antes.

—Juan —me dijo. —Oye. ¿Qué te pasa?

—Nada —le dije.

—Oye. Tienes una cara...

Cuando me preguntó eso sentí el calambreo en el brazo y comencé a asustarme y de verdad verdad me comencé a sentir mal.

—No, Julia —dije—. No me pasa nada.

—Me pareció que te sentías mal —me dijo ella.

El pollo volvió como a pitar y le tapé el pico, la cabeza y todo lo que pude taparle, desgraciado si sigues te ahogo, cállate, y Julia:

219

—¿Seguro que no te sientes mal, Juan?

Dale con lo mismo:

—¿Segurito, Juan? ¿Seguro que no te sientes mal?

—No, Julia. No. Palabra.

—¿Segurito?

—No, Julia.

—¿Pero seguro que no? No sé, tienes una cara...

—Palabra, te lo juro.

—¿Pero palabra, Juan? ¿No quieres ir al baño, Juan?

No le tiré el pollo porque francamente. Casi se lo destripo en la cara. Y lo peor es que siguió. Ya van a ver:

—Por mí —me decía la desgraciada—. Por mí puedes ir al baño.

—Pero bueno, Julia. Si no quiero ir al baño ¿para qué voy a ir?

—Pero no te dé pena. Anda.

—Julia. Deja la cosa del baño. No tengo ganas.

—No sé, Juan. Estás sudando y tienes una cara, yo sé, te conozco, eres capaz...

—¿Capaz...?

—Capaz de aguantarte por mí.

Eso era lo último.

—¿Aguantar qué?

—Aguantarte. Yo lo sé.

—Bueno, Julia. No me estoy aguantando. Te juro que no.

Por fin como que dejó la cosa y siguió tomando su maldita Cocacola.

La odiaba. Juro que la odiaba como nunca. Hasta pensé en lo que me dijo Carlos y me pareció que Carlos no era tan inmundicia como yo lo había pensado. Me pareció que Carlos tenía razón en pensar en esas inmundicias, y le rogué que lo hiciera, que le hiciera inmundicias más asquerosas todavía. Me provocaba matarla. Cuando terminó su Cocacola y dio los últimos chupitos me dijo:

—Bueno, Juanito. Te espero en casa. No faltes.

Me lo dijo con lástima. Después miró la caja vacía. Y después se levantó, me echó una sonrisita de "no sufras tanto que la vida no es tan mala" y se fue meneando el culo hasta su impresionante y asquerosísimo Buick negro. Abrió la puerta, levantó las patas para que yo me derritiera con sus pantaletas, y después levantó un dedito y el maldito carro se perdió de vista en la esquina.

¡Dios mío! ¿Por qué pasan esas cosas? Apenas se fue, vuelve el mozo. Tenía que volver. No podía quedarse quieto. Tenía que volver, llegar con cara de melón y preguntarme con su vocecita de marica dulce:

—¿Le dio miedo dárselo?

¿Por qué todo, por qué me pasa, por qué? ¿Por qué nunca podré, por qué jamás he podido...? ¡Dios mío! Me sentía tan mal...

Metí la cabeza entre los brazos y por fin oí que el mozo se alejaba hacia otra mesa.

Entonces oí las risas. Apenas levanté la cara, vi que el mozo se reía junto a un gordo, y los dos me miraban. Se reían, hablaban un poco y volvían a soltar la carcajada. Yo comencé a sentirme rojo, hirviendo, vi que no aguantaba más y que ese rojo hirviendo era cada vez más caliente y me quemaba más la garganta y los ojos y aflojé todo y entonces todo se me fue por los ojos y ya nada me importó entonces, lo juro, ya nada me importaba.

Cuando terminé de llorar, saqué al pobre pollo del bolsillo y me le quedé mirando: estaba tranquilito. Estaba como dormido. Me gustó pasarle la mano por su cabecita, por su cuerpo, y era tibio y bueno, y pensé que nos parecíamos los dos, él y yo, y estaba muy tibio y seguía como dormido. Estaba tan tranquilo que comencé a sentir algo espantoso. Entonces me dio frío y todo asustado lo dejé caer al suelo.